MEIO AMBIENTE

UMA INTRODUÇÃO PARA CRIANÇAS

MEIO AMBIENTE

UMA INTRODUÇÃO PARA CRIANÇAS

O AR, A TERRA E O MAR À NOSSA VOLTA – E TAMBÉM EXPERIÊNCIAS, PROJETOS E ATIVIDADES PARA AJUDAR O PLANETA!

Michael Driscoll e Dennis Driscoll

Ilustrações
Meredith Hamilton

Tradução
Luciano Vieira Machado

Consultoria
Guilherme Domenichelli, biólogo

6ª impressão

Texto © Black Dog & Leventhal Publishers, Inc.
Ilustrações © Meredith Hamilton

Esta edição foi publicada com a autorização da
Black Dog & Leventhal Publishers, Inc.
Todos os direitos reservados.

Direção editorial
Marcelo Duarte
Patth Pachas
Tatiana Fulas

Gerente editorial
Vanessa Sayuri Sawada

Assistentes editoriais
Henrique Torres
Laís Cerullo
Samantha Culceag

Diagramação
Divina Rocha Corte

Preparação
Roberto Homem de Mello

Revisão
Telma Baeza G. Dias
Alessandra Miranda de Sá

Impressão
Coan

CIP – BRASIL. CATALOGAÇÃO NA FONTE
SINDICATO NACIONAL DOS EDITORES DE LIVROS, RJ

Driscoll, Michael, 1973-
 Meio ambiente: uma introdução para crianças: o ar, a terra e o mar à nossa volta – e também experiências, projetos e atividades para ajudar o planeta!/ Michael Driscoll e Dennis Driscoll; ilustrado por Meredith Hamilton; tradução de Luciano Vieira Machado. – São Paulo: Panda Books, 2010. 96 pp.

 Tradução de: A child's introduction to the environment: the air, earth, and sea around us – plus experiments, projects, and activities you can do to help our planet!
 ISBN: 978-85-7888-026-2

 1. Ciências ambientais – Literatura infantojuvenil. 2. Ambientalismo – Literatura infantojuvenil. I. Driscoll, Dennis II. Título.

09-2185
CDD: 333.72
CDU: 502

2024
Todos os direitos reservados à Panda Books.
Um selo da Editora Original Ltda.
Rua Henrique Schaumann, 286, cj. 41
05413-010 – São Paulo – SP
Tel./Fax: (11) 3088-8444
edoriginal@pandabooks.com.br
www.pandabooks.com.br
Visite nosso Facebook, Instagram e Twitter.

MISTO
Papel proveniente de fontes responsáveis
FSC® C095238

Nenhuma parte desta publicação poderá ser reproduzida por qualquer meio ou forma sem a prévia autorização da Editora Original Ltda. A violação dos direitos autorais é crime estabelecido na Lei nº 9.610/98 e punido pelo artigo 184 do Código Penal.

Para Aaron,
e para o irmão (ou irmã) mais novo
de Lucy
MD e DD

Para Austin, Margot e Celia
MH

Agradecimentos

Os autores querem agradecer a Meredith Hamilton pelas incríveis ilustrações, a Scheila Hart pelo *design* maravilhoso, a Laura Ross pelo entusiasmo e supervisão editorial, e a J. P. Leventhal pela oportunidade. Agradecimento especial a Rita Barol, do Conselho de Defesa dos Recursos Naturais.

Sumário

Nosso mundo maravilhoso   8

Falando sobre a água   10

Terra – o planeta onde vivemos   28

O ar à nossa volta   64

Temos o mundo inteiro...   87

Glossário   90

Nosso mundo maravilhoso

Você já saiu num dia bonito – com o sol brilhando, a brisa a soprar, as flores se abrindo e os pássaros cantando – e se perguntou sobre o porquê de todas essas coisas?

Talvez tenha ouvido falar que as flores e os pássaros dependem uns dos outros, mas não sabe por quê. A verdade é que tudo na Terra – as flores, os pássaros e inclusive o vento – está intimamente relacionado.

Eu sou Dennis Driscoll e lhe servirei de guia enquanto exploramos o *meio ambiente*, termo que é usado para indicar todas as coisas à nossa volta e como elas interagem.

Vamos aprender sobre a vida na Terra, os oceanos e os animais. Vamos explorar cidades, fazendas, desertos e florestas tropicais. Estudaremos o ar e coisas interessantes (como os tornados!) que, às vezes, ele provoca. E este é apenas o começo.

Aprenderemos como o meio ambiente nos ajuda e como podemos ajudar a protegê-lo. Em primeiro lugar, compreendendo as mudanças que estão ocorrendo à nossa volta; em seguida, examinando algumas coisas que podemos fazer para tornar o planeta um lugar melhor.

Se todo esse estudo lhe parecer um pouco cansativo... não se preocupe! Uma das melhores maneiras de aprender é tentar fazer as coisas, e este livro propõe muitas experiências divertidas. Michael, meu filho, que é um cientista em formação, sugeriu uma série de experiências na seção "Descubra você mesmo", para fazer em casa ou na escola. Ele vai lhe mostrar, também, como você pode se tornar um ambientalista – alguém que ajuda a cuidar do meio ambiente – nas seções "Como você pode ajudar!" e "Proteja a Terra!".

Mais uma coisa: em todo o livro, as palavras novas ou difíceis aparecem em **negrito**, para que você possa consultá-las no "Glossário", no final do livro.

Chega de conversa! Vamos em frente! Temos um mundo inteiro a explorar.

Falando sobre a água

Água, água, água, por toda parte... disse certa vez um famoso poeta, e ele tinha razão. Pode parecer que a água não está em todos os lugares, mas está, mesmo quando não podemos vê-la nem senti-la. A água tem três estados físicos: líquido (que geralmente chamamos de "água"); gasoso (vapor d'água) e sólido (gelo).

Em estado líquido ela é encontrada nos oceanos, lagos e rios. E também nas gotas de chuva que caem e nas gotículas que formam as nuvens. O que vemos quando olhamos para uma nuvem, na verdade, são bilhões de gotículas de água.

Em estado gasoso, a encontramos como vapor d'água na atmosfera – o ar que circunda a Terra. É um gás invisível. Na verdade, todos os gases que compõem a atmosfera são invisíveis, de outra forma não poderíamos enxergar através dela.

Quanto ao gelo, podemos encontrá-lo em lugares muito frios, como nas calotas polares, nos flocos de neve ou nos pingentes de gelo que você vê no inverno, se morar em um lugar muito frio.

Evaporação e condensação

A água pode mudar de um estado físico para outro – do sólido para o líquido, dele para o gasoso, e retomar todo o processo. Provavelmente você já sabe que denominamos de congelamento a mudança do estado físico líquido para o sólido – é o que acontece quando você coloca água numa forma de gelo para congelar.

Quando a água muda do estado líquido para o gasoso, o processo é chamado de **evaporação**. Quando ela muda do estado gasoso para o líquido, **condensação**.

Quando você põe água para ferver numa panela, a água esquenta e se torna vapor. Isso é evaporação.

O mesmo acontece quando vê uma poça sumir lentamente numa tarde quente. À medida que a água se aquece, vai se transformando em gás. Pouco a pouco, a poça desaparece.

Já a condensação é o oposto. Você já notou que se forma água do lado de fora de um copo quando a bebida está gelada? A superfície fria do copo esfria o ar ao redor. Ela transforma o vapor d'água à sua volta em pequenas gotas na parte externa do copo.

Do mesmo modo, o ar e o vapor d'água que existe nele esfriam quando se elevam da superfície da Terra. Se, ao subir, o vapor esfriar bastante, ele se transforma em gotas d'água que formam as nuvens que a gente vê no céu.

PROTEJA A TERRA!
Torneiras pingando podem gastar até 76 litros de água por dia! Se vir alguma, pergunte a seus pais se pode ajudar a consertá-la.

Os mares salgados

Cerca de 70% do planeta Terra é coberto de água – a maior parte é líquida, mas tem um pouco de gelo também. Quase toda essa água se encontra nos maiores oceanos da Terra: o Atlântico, o Pacífico, o Glacial Ártico e o Índico.

Todas as águas do planeta – quer sejam dos lagos, dos oceanos ou dos rios – têm sal, mas as dos oceanos têm muito mais. Por quê? Quando a água do oceano evapora, o sal não sobe com ela. O vapor vai se condensar em cristais de gelo que, por sua vez, se transformarão em gotas de chuva (ou neve, nos lugares frios) e cairão no chão, agora como **água doce**.

Pequenas quantidades de sal do solo são absorvidas pela água que corre para os lagos, rios e poços. Então, a água doce retorna para o oceano através de rios e córregos, levando aquele pouquinho de sal retirado do solo. Assim, lentamente, o oceano vai ficando cada vez mais salgado. É como o seu cofrinho que vai se enchendo pouco a pouco de moedas, à medida que as coloca dentro dele. (Desde que você não retire nada!)

RETIRE O SAL!

A remoção do sal da água do mar (dessalinização) não é coisa apenas de marinheiros. Algumas cidades, como Tampa, na Flórida, dessalinizam a água para ajudar a abastecer as casas com água doce.

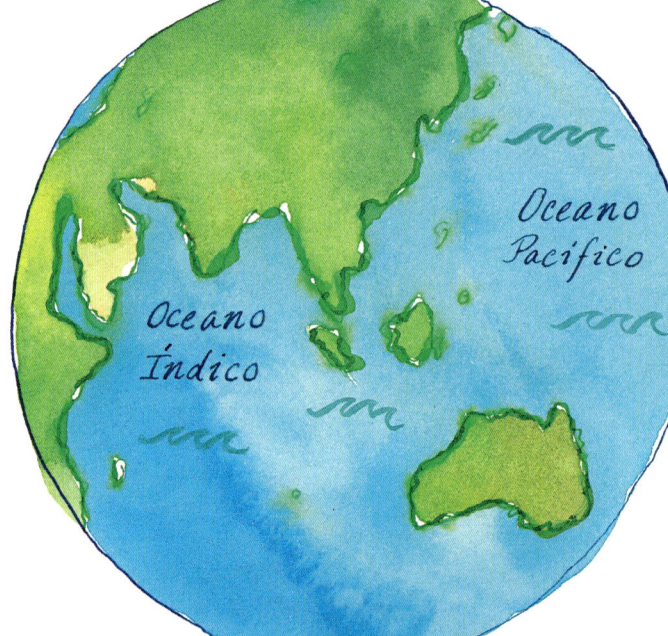

Tanta água lá...

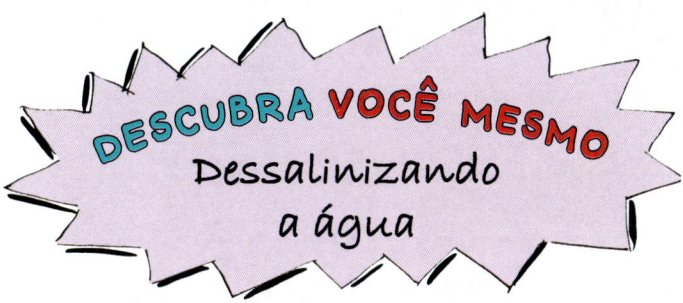

DESCUBRA VOCÊ MESMO
Dessalinizando a água

Você já se perguntou como tirar o sal da água para que ela fique apropriada para o consumo humano? Os oceanos estão cheios de água salgada, mas você pode ter enjoo se a beber, por isso os cientistas inventaram uma maneira de transformar a água salgada do mar em água potável. Você pode fazer a mesma coisa em casa.

Você vai precisar de:
- 2 xícaras (500 ml) de água da torneira
- $1/2$ colher ($2\,1/2$ g) de sal
- uma tigela grande
- um copo um pouco mais baixo do que a tigela
- filme plástico de PVC fino
- fita adesiva
- uma moeda de 1 real

1. Ponha um pouco de água numa tigela. Acrescente sal à água e mexa-a para que o sal se dissolva.

2. Coloque o copo vazio no meio da tigela. Certifique-se de que a borda do copo esteja abaixo da borda da tigela.

3. Tenha cuidado para que a água da tigela não entre no copo.

4. Cubra a tigela com o filme plástico de PVC. Use a fita adesiva para garantir que fique vedado em toda a volta.

5. Coloque a moeda no centro do plástico, acima do copo.

6. Coloque a tigela em um lugar onde ela receba a luz do sol diretamente por uma semana, tomando cuidado para não mudá-la de lugar.

7. Remova o plástico e tome um gole da água do copo. Sem sal!

O que aconteceu? Evaporação, pura e simples! Quando o sol aqueceu a água, ela começou a se tornar gás, deixando o sal para trás. O gás subiu até chegar ao plástico e se transformou novamente em gotas d'água. As gotículas deslizaram para o centro (graças à moeda), caíram dentro do copo e se juntaram, resultando na água sem sal!

Você consegue ver a diferença?

Tendemos a achar que os oceanos são iguais no mundo todo, mas não é assim. A **salinidade** (quantidade de sal que há na água) pode ser diferente em cada um dos oceanos. Outra diferença é a temperatura – as águas são mais quentes em alguns lugares do que em outros. As águas de alguns oceanos são mais profundas do que as de outros, e há diferenças entre as plantas e os animais que vivem neles. Os movimentos das águas de superfície, conhecidos como **correntes**, também diferem.

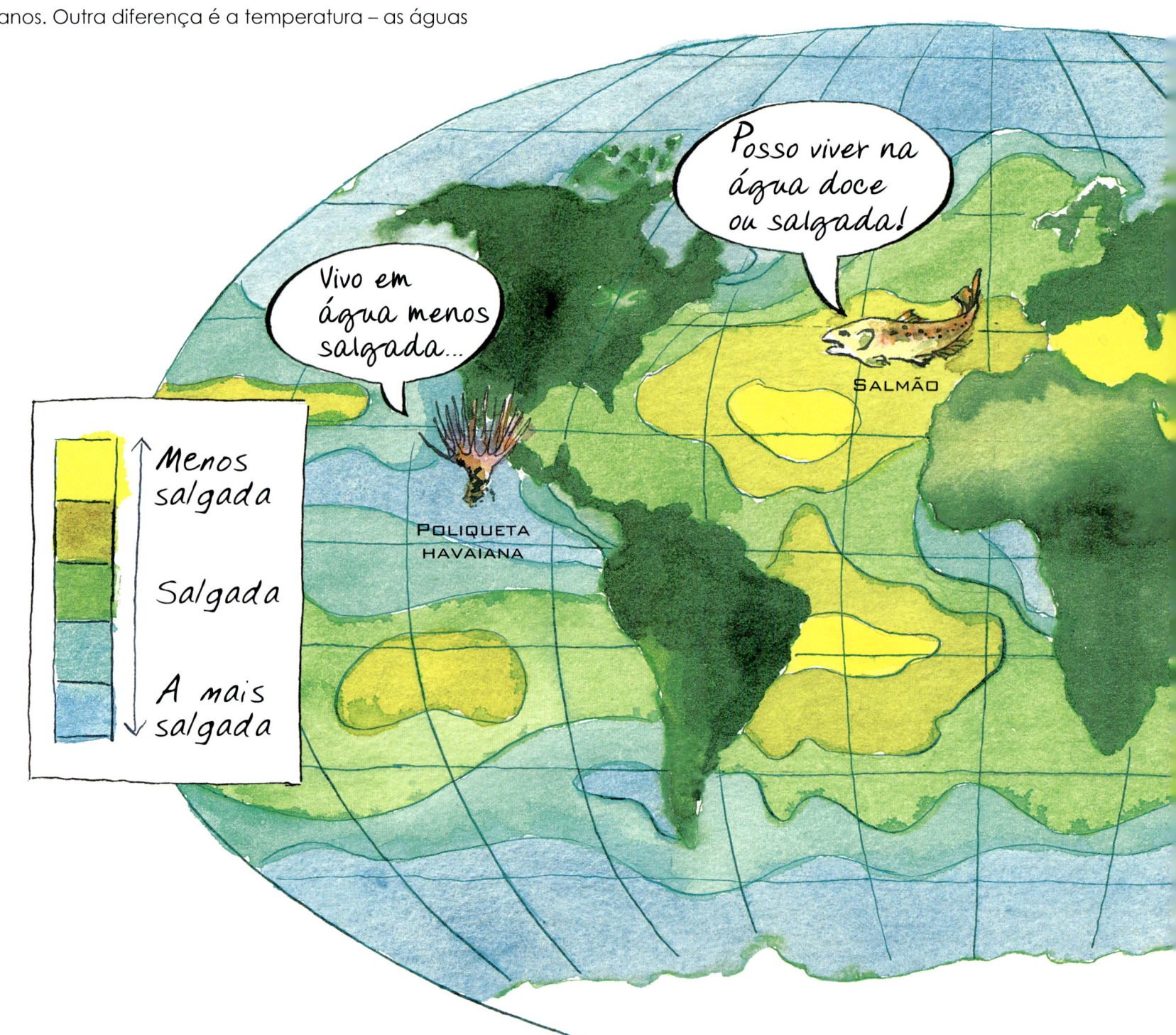

Monte Everest
Edifício Empire State

Fossa das Marianas

Normalmente o oceano vai ficando mais fundo à medida que a gente se afasta da costa. Mede-se a profundidade do oceano tendo como ponto de referência o que chamamos de **nível do mar** – o ponto onde as águas do oceano alcançam a praia. (Também se mede a altitude de uma montanha com base no nível do mar.)

O lugar mais profundo de toda a Terra fica a oeste do oceano Pacífico, perto do Japão. É chamado de Fossa das Marianas e tem 10,9 quilômetros de profundidade! Qual é a dimensão disso? Bem, você teria de empilhar 29 prédios do tamanho do Empire State para chegar do fundo à superfície. Só para comparar, a montanha mais alta da Terra, o monte Everest, tem apenas 8,8 quilômetros de altura.

TARTARUGA MARINHA

As águas mais salgadas são ótimos lugares para encontrar alimento.

AQUECEDORES DA NATUREZA
Fontes quentes no solo do oceano ajudam os animais que nele habitam a sobreviver. Os minerais que saem dessas fendas servem de alimento para os vermes... e outros animais se alimentam desses vermes.

A **latitude**, que se mede em graus, é usada para calcular a distância de determinado lugar em relação ao equador. As águas em latitudes mais altas (mais próximas dos polos Norte e Sul) normalmente são mais frias do que as que se encontram em baixas latitudes (mais próximas ao equador).

A temperatura também muda com a profundidade. As águas mais quentes estão mais próximas da superfície, a área chamada de zona eufótica. Abaixo, numa área conhecida como zona disfótica, chega somente um pouco de luz, e as águas são mais frias. Próximo ao fundo, numa área chamada de zona abissal, não há luz nenhuma, e as águas são muito frias – quase congeladas!

Preserve a água!

O nível dos oceanos está subindo, ao passo que muitas fontes de água potável estão morrendo. Todos podemos colaborar tentando usar menos água, a começar da hora em que escovamos os dentes. Se você costuma deixar a torneira aberta enquanto escova os dentes, pode estar mandando cerca de 32 litros de água pelo ralo. Se deixar escorrer água apenas o suficiente para molhar a escova e enxaguar depois, pode reduzir o consumo para 2 litros!

Aqui vão outras dicas para economizar água:

- Procure tomar banhos mais curtos.

- Sugira a seu pai que não deixe a torneira aberta enquanto faz a barba. A alternativa é encher a pia com água, usá-la e esvaziá-la quando terminar.

- Peça aos seus pais que coloquem um tijolo dentro da caixa da descarga do sanitário, a fim de reduzir o volume de água usado a cada descarga.

- Verifique todas as torneiras da casa – tem alguma pingando? Avise aos seus pais, para que eles a consertem.

- Seus pais regam o gramado e as flores todos os dias? Peça-lhes que reduzam para poucas vezes por semana e deixem a chuva fazer o resto.

Você consegue pensar em outras maneiras de economizar água?

Nosso planeta em transformação: elevação dos níveis do mar

Provavelmente você já ouviu falar do aquecimento global (adiante, vai ler mais sobre esse tema). Ele está provocando o derretimento do gelo das latitudes mais altas e das montanhas. Isso acarreta um aumento da quantidade de água que corre para o oceano, causando a elevação do nível de suas águas – da mesma forma que acontece quando você enche demais a banheira.

Considere a seguinte situação: em certa época, quando ia à praia, você dava cem passos do estacionamento até a beira da água; se o nível do mar subir, poderá ter de caminhar apenas cinquenta passos. "Grande coisa!", você diz. Bem, muitas cidades estão localizadas próximas à praia. A elevação do nível do oceano pode fazer com que parte das cidades de Nova York, Los Angeles e Sydney fique debaixo da água algum dia. Muitas pessoas preocupadas com o que vai acontecer se o aquecimento global continuar estão sugerindo formas de diminuí-lo ou detê-lo. (Voltaremos a falar, aqui, de algumas coisas que todos podemos fazer para ajudar!)

CASA DE PRAIA PÓS-AQUECIMENTO GLOBAL

O mundo da água

Há mais de dois milhões de **espécies** de plantas e animais em nosso planeta. (Um grupo de plantas ou animais que tem características físicas e genéticas semelhantes é considerado da mesma espécie.) Nas águas do planeta, tanto na doce como na salgada, há uma variedade incrível de vida – desde as taboas, plantas que crescem à beira dos lagos, até as baleias gigantes, que nadam nos grandes oceanos. Existem até mesmo formas de vida que ainda não descobrimos!

Lagos, rios e outros locais onde se encontra água doce são **habitats** para milhares de espécies de animais e plantas – 40% de todas as espécies de peixe encontram-se em água doce.

A TABOA é uma planta delgada, alta, com um pendão peludo na ponta. Cresce nas margens de lagos ou em outros locais úmidos.

Os sapos são anfíbios. A maioria dos **anfíbios** começa a vida na água e muda para a terra seca quando se torna adulta. A rã HYLA GRATIOSA fica nas árvores quando faz calor. Quando faz frio, ela se entoca no chão ou entre as plantas. Bem espertinha!

O PEIXE-GATO tem longos fios de barbas perto da boca que se parecem bigodes de gato.
Os **peixes** têm sangue frio e respiram pelas brânquias. Os peixes-gatos não são exigentes para comer – a maioria come qualquer coisa que encontrar, seja planta ou animal.

Quando um animal tem sangue quente, ele pode reter o calor ou livrar-se dele, se necessário, como fazemos ao suar para nos refrescar. Os animais de sangue frio ficam com a temperatura do seu **meio ambiente**, por isso precisam mudar para outro lugar, caso esfrie ou esquente demais. É o caso, por exemplo, das cobras. Elas se aquecem ao sol ou rastejam para debaixo das pedras para se refrescar.

Você sabe quais dos animais abaixo têm sangue quente e quais têm sangue frio? (As respostas estão ao pé da página.)

Lagarto   *Cocker spaniel*   Elefante   Cobra   Chimpanzé   Tartaruga mordedora

Os JACARÉS têm de sessenta a oitenta dentes e podem chegar a 6 metros de comprimento. São **répteis** de sangue frio, com escamas duras que lhes cobrem a pele. Respiram pelos pulmões, como nós.

As GARÇAS vivem às margens dos rios e lagos. Como todas as **aves**, têm penas, bico e põem ovos. Suas longas pernas lhes permitem andar em águas rasas e usar o bico afiado como lança para pegar os peixes.

Os PEIXES-BOIS encontram-se em rios e baías do oceano Atlântico. Embora nadem com a ajuda de nadadeiras, que têm o formato de um remo curto, na verdade se parecem mais com elefantes do que com golfinhos ou baleias. Os peixes-bois são **mamíferos** de sangue quente e alimentam os filhotes com seu leite, da mesma forma que os cães, os gatos e os seres humanos.

DE SANGUE FRIO: LAGARTO, COBRA, TARTARUGA MORDEDORA. DE SANGUE QUENTE: COCKER SPANIEL, ELEFANTE, CHIMPANZÉ.

Os oceanos da Terra são *habitats* para uma grande variedade de formas de vida – desde a estrela-do-mar que catamos perto da praia até as criaturas misteriosas sem olhos, que se escondem próximo ao solo frio e escuro do oceano. Algumas têm uma aparência estranha ou então são muito feias mesmo! Outras são bonitas, mas todas são importantes para o delicado equilíbrio da vida no planeta. Quer se esteja mergulhando com um *snorkel* próximo a um recife de corais, ou vendo fotos num site da internet, qualquer um pode apreciar as maravilhas das plantas e dos animais marinhos.

Ah... completamente sozinho no oceano...

vida próxima à costa

As ARRAIAS-JAMANTAS são peixes que vivem em águas quentes e nadam batendo nadadeiras que se parecem com asas. Um tipo de arraia-jamanta, o peixe-diabo, pode chegar a 8 metros de largura. Mas não se assuste com o nome – normalmente essas arraias não atacam seres humanos.

O POLVO é um **molusco**, animal invertebrado de corpo mole. Tem olhos grandes e oito tentáculos. (Em inglês, o termo para "polvo" é *octopus*, por causa dos oito tentáculos.) Diferentemente de outros moluscos, como os mariscos, o polvo não vive numa concha.

Os oceanos são *habitats* para muitas e muitas ALGAS, que crescem em seu solo assim como as flores e ervas daninhas nascem na terra. Há muitos tipos diferentes de algas, e elas constituem fontes de alimento para muitas criaturas... e até mesmo para os seres humanos!

As ESPONJAS podem parecer plantas, mas na verdade são animais muito simples. Elas bombeiam a água através do próprio corpo e retiram dela o alimento para viver. Algumas esponjas-do-mar podem ser usadas para limpar, mas as esponjas que você tem em casa com certeza nada têm a ver com elas.

Ela não sabe de nada!

Mar aberto

As TARTARUGAS MARINHAS são répteis da mesma família das tartarugas que você pode já ter visto no próprio quintal ou em suas caminhadas pelos parques. Mas esta tartaruga é muito maior – algumas chegam a 3 metros de comprimento! Suas pernas, que são como grandes remos, podem nadar quase 500 quilômetros em apenas dez dias!

A BALEIA-AZUL pode parecer um peixe enorme, mas é um mamífero – o maior já visto no planeta – ultrapassando até mesmo o tamanho do maior dinossauro. Ela pode medir mais de 30 metros de comprimento e pesar mais de 100 toneladas. A baleia-azul tem um grande apetite, mas se alimenta de **plânctons** – plantas e animais microscópicos que flutuam na água.

O grande TUBARÃO-BRANCO pode ter mais de 6 metros de comprimento. Sua boca enorme tem fileiras de dentes afiados, que ele usa para estraçalhar sua presa, inclusive as focas e os leões-marinhos.

Como o horrendo PEIXE-PESCADOR vive nas profundezas escuras do oceano, ele produz a própria luz com uma barbatana estranha que pende diante de sua boca e brilha! Isso o ajuda a atrair outros peixes, que ele logo trata de devorar.

Nosso planeta em transformação: espécies ameaçadas

Como já sabemos, há milhões de espécies de plantas e animais na Terra – mas a Terra está em constante transformação. Há as mudanças naturais, como o aquecimento e o resfriamento do planeta, que acontecem ao longo de milhões de anos. E há aquelas causadas pela ação do homem, como a criação de cidades onde antes viviam os animais e as plantas. O uso de automóveis também pode mudar o ar à nossa volta.

Às vezes, essas mudanças causam a morte de toda uma espécie – ela se torna **extinta**. Transformações naturais levaram à extinção dos dinossauros muitos anos atrás. Mas várias plantas e animais foram extintos ou estão ameaçados de extinção num futuro próximo, por coisas que nós, seres humanos, fizemos ou estamos fazendo.

Porém, nem tudo está perdido. Nos últimos anos, muitas pessoas têm trabalhado para salvar os animais (como a águia-de-cabeça-branca, por exemplo) antes que sejam extintos.

Antigamente havia na América do Norte cerca de 65 milhões de BISÕES americanos, também chamados de búfalos, mas os colonizadores americanos quase os levaram à extinção, pela prática da caça predatória. Atualmente restam apenas cerca de mil. Não se encontra mais o bisão americano em seu habitat natural. Alguns rebanhos são mantidos em segurança por fazendeiros e cientistas.

*Devido à caça e à perda de seu habitat, entre outros problemas, por volta da década de 1960 havia apenas 417 casais de ÁGUIAS-DE-CABEÇA-BRANCA nos 48 estados continentais dos Estados Unidos (todos os estados, exceto Alasca e Havaí). Mas os **conservacionistas** se empenharam em proteger as águias. Por volta de 2007, o número de ninhos havia aumentado para aproximadamente dez mil.*

PROTEJA A TERRA!
Os cientistas dizem que cerca de cinquenta espécies de plantas e animais são extintas todos os dias – e é provável que haja algumas ameaçadas de extinção não muito longe de onde você mora.
O primeiro passo para ajudar a protegê-las é aprender sobre elas. Peça informações em sua escola ou em alguma associação de defesa do meio ambiente sobre plantas e animais ameaçados de extinção na região onde mora e a respeito do que pode fazer para ajudar a protegê-los.

As plantas também podem ser extintas...

O SAPO DOURADO vivia na Costa Rica, e a última vez em que se viu um deles foi em 1989. Nem todos os cientistas concordam com as causas do seu desaparecimento. Alguns acham que o crescimento das cidades destruiu seu habitat. Outros culpam o aquecimento do planeta. Há quem afirme, também, que ele pode ter sido exterminado por outros animais.

Devido à caça predatória, a BALEIA-AZUL é considerada uma espécie ameaçada de extinção, isto é, de desaparecer completamente. Desde que se estabeleceram regras para proteger as baleias, o número delas aumentou. Podemos fazer a diferença!

A PERVINCA-ROSA é encontrada no interior de Madagáscar, mas está desaparecendo, porque seus habitantes estão derrubando as florestas onde ela vive. A pervinca-rosada pode ser usada no tratamento de câncer, por isso é muito importante protegê-la – e a outras espécies também.

A maioria de nós, quando abre a torneira, não se pergunta de onde vem a água, nem para onde ela vai depois que desce em torvelinho pelo ralo.

Como já vimos, a única água que é própria para o consumo é a doce. Assim, toda a água que corre pelos canos em casa deve vir de fontes de água doce, da superfície da terra ou subterrâneas. **Águas superficiais** são aquelas que estão na superfície da Terra e ao ar livre, como as águas dos lagos e rios. Águas subterrâneas (**lençóis freáticos**) encontram-se armazenadas no subsolo, em lugares chamados **aquíferos**.

Tubulações e bombas levam as águas superficiais e as subterrâneas para as estações de tratamento a fim de remover a sujeira e pequenas partículas. Podem-se acrescentar também produtos químicos para limpar mais a água. Uma vez terminado o processo de limpeza, a água está pronta para o consumo. Às vezes, fica armazenada em grandes caixas-d'água até que precisemos dela.

E o que acontece depois que você escova os dentes e joga a água no ralo? Aquela água desce pelos canos em direção à rede de esgoto do bairro, vai em seguida para a usina de tratamento. Lá ela é limpa novamente. Nesse processo, usa-se de tudo: desde telas, que retêm as sujeiras grandes, até produtos químicos e bactérias, que removem as menores. Uma vez limpa, a água é mandada de volta para nossos rios, lagos e outras fontes de água doce – para que possa, algum dia, fazer a viagem de volta à nossa torneira!

Chuva

♪ Vagando, vagando, vagando no rio ♪

Rio

Estação de tratamento

Tubulação

Aquífero

Muitas vezes se acrescenta à água uma substância conhecida como fluoreto, para ajudar a prevenir cáries dentárias. A cada gole de água, é como se você escovasse os dentes! (Mas não é o suficiente. Você deve continuar escovando os dentes com frequência.)

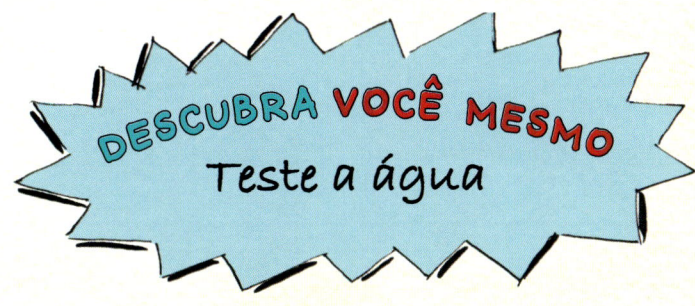

DESCUBRA VOCÊ MESMO
Teste a água

Aqui vai uma maneira fácil e divertida de descobrir se você está usando mais água do que o necessário no banho.

Você vai precisar de:
- uma caixa de leite vazia (de 1 litro)
- um relógio

1. Abra a parte de cima da caixa, de modo a poder enchê-la de água com facilidade.

2. Fique de pé embaixo do chuveiro e abra a torneira no fluxo normal de água. (Se quiser, use um maiô para não molhar as roupas ou faça isso quando for tomar banho.)

3. Segure a caixa bem embaixo do chuveiro por 10 segundos. Se tiver um relógio à prova d'água, você mesmo pode contar o tempo. Caso não tenha, peça a uma outra pessoa que conte para você. Se a caixa transbordar antes de se passarem os 10 segundos, seu chuveiro está soltando água demais, e você está desperdiçando um recurso natural vital. Um chuveiro de "baixo fluxo" pode ajudar. Como este mistura ar com a água, consegue-se praticamente a mesma pressão, usando muito menos água. Outra possibilidade é apenas fechar um pouco as torneiras.

Qualquer coisa em nome do meio ambiente.

Seguindo a corrente

Caixa-d'água

ÁGUA

Suas torneiras

♪ Splish, splash, eu estava tomando um banho...

A importância da energia

É difícil imaginar, mas, há apenas algumas centenas de anos, não existia a energia tal como a conhecemos hoje. Não havia lâmpadas nas ruas, nem carros, nem ar-condicionado, nem calefação. Nem guitarras! A maioria das pessoas levantava-se ao amanhecer e ia dormir pouco depois do pôr do sol, porque ficava difícil enxergar após anoitecer. Tudo tinha de ser feito sob a luz de velas ou lampiões a óleo.

Mas isso mudou quando os cientistas começaram a fazer avanços no estudo da **eletricidade** – uma forma de energia produzida por partículas minúsculas de cargas elétricas. A lâmpada comum foi inventada por Thomas Edison em 1879. Alguns anos depois, ele construiu a primeira usina central de energia elétrica. Assim, podia-se produzir eletricidade. Ela era conduzida até as casas e empresas por uma rede de fios elétricos, que acendiam as lâmpadas.

> **PROTEJA A TERRA!**
> Você sabia que, se 4 litros de tinta derramada penetrarem no solo podem contaminar 1 milhão de litro de água potável? Por isso é tão importante que não se derramem produtos químicos no solo. Esses produtos podem atingir as águas subterrâneas. Quando precisar jogar tinta fora ou qualquer outro tipo de líquido que prejudique o meio ambiente, siga sempre as instruções do recipiente ou, melhor ainda, peça ajuda a um adulto.

CANÇÃO DEPOIS DO JANTAR, 1840

CANÇÃO DEPOIS DO JANTAR, HOJE

Uma vez produzida, a eletricidade passou a ser cada vez mais consumida. Cada vez mais se desenvolviam novas formas de utilizar a energia elétrica e, à medida que a população crescia, mais pessoas faziam uso dela. Um dos grandes desafios de nosso tempo é produzir essa energia – que tem de vir de algum lugar – em quantidade suficiente para satisfazer à demanda de todos.

Energia para o povo

Um dos tipos de energia (mais adiante conheceremos outros) é a hidrelétrica, que utiliza o fluxo das águas para gerar energia. Constroem-se represas, como a de Itaipu, para controlar o fluxo da água dos rios. A força do seu fluxo faz girar as máquinas chamadas de **geradores**, que produzem energia.

Hidrelétricas

Uma das grandes vantagens da energia hidrelétrica é que ela não causa **poluição** – não produz lixo que suja a terra, o ar ou a água. Além disso, é **renovável**, isto é, ela não se esgota, como outras fontes de energia de que ainda vamos falar. Mas há um problema: os geradores de hidrelétricas só podem ser construídos onde existam grandes quantidades de água corrente, geralmente áreas montanhosas com rios de correnteza. E as barragens represam muita água, inundando lugares onde antes viviam animais e plantas silvestres (para não falar das pessoas). Além disso, impedem que alguns peixes retornem às águas onde depositaram seus ovos.

UMA HORA SEM ENERGIA

Você quer ver o quanto dependemos da energia elétrica? Tente ficar sem ela por um pequeno espaço de tempo, uma hora, por exemplo, em sua casa. Peça a sua família que passe uma hora fazendo coisas que não dependam de energia elétrica ou gás. Você vai sentir como era a vida cinquenta ou cem anos atrás. É óbvio que vai ficar sem televisão e *videogames*. Em vez disso, você pode tentar ler, mas é melhor fazê-lo à luz do dia, perto de uma janela – não há lâmpadas para iluminar as páginas. Brincar no parque pode parecer uma boa ideia, mas você terá de ir de bicicleta. Esqueça o lanche, também, a não ser que seja alguma coisa do armário. Nada de bebidas da geladeira ou biscoitos saídos do forno elétrico. A sua hora sem energia elétrica pode lhe parecer mais longa do que esperava, mas é um ótimo jeito de nos lembrarmos o quanto dependemos dela e o quanto a usamos.

Terra – o planeta onde vivemos

Cerca de um terço de nosso planeta é coberto de terra. As áreas de terra muito vastas são chamadas de continentes. Na Terra existem sete continentes. As áreas menores são chamadas de ilhas (embora se possa dizer que os próprios continentes são ilhas muito grandes). A Terra se compõe de material sólido; o solo que cobre a superfície, que é onde vivemos, constitui-se principalmente de uma mistura de rocha e material orgânico. Além de lagos, rios, córregos e outras áreas úmidas da superfície terrestre, há também a vegetação. Uma parte desse elemento vivo surgiu naturalmente (como as florestas), e a outra foi plantada por mãos humanas (as flores do jardim e as hortaliças, por exemplo). É claro que as pessoas acrescentaram outras coisas à superfície da Terra. Metrópoles, pequenas cidades e as rodovias que fazem a ligação entre elas a cada dia ocupam mais espaço.

A superfície da Terra é muito diferente de um lugar para outro. Há colinas, montanhas e vastas planícies. Existem selvas e florestas. Há desertos áridos e pântanos, que são planícies inundadas. E um continente, a Antártida, que é quase totalmente coberto de gelo!

O FIM DAS COISAS ANTIGAS

As mudanças que se dão na Terra não são coisas que ocorrem em lugares distantes. Se você mora numa mesma cidade ou metrópole há bastante tempo, provavelmente deve ter notado mudanças: um prédio de escritórios novo onde antes havia um parque; um estacionamento num terreno baldio; um novo *shopping center* ao lado de uma nova rodovia. Se quiser recuar ainda mais, fale com uma pessoa mais velha, que mora no lugar há mais tempo. Pergunte-lhe o que ela lembra de anos passados e o que mudou no lugar de lá para cá. Então pense em como essas mudanças afetaram o meio ambiente. Lembre-se de que mudanças, boas ou ruins, estão acontecendo o tempo todo, em todos os lugares.

PROTEJA A TERRA!

Não jogue fora roupas nem brinquedos velhos. Passe adiante para que possam ser usados por outras pessoas. É uma forma de reciclar, e você vai ajudar alguém mais necessitado.

Duzentos anos atrás, uma em cada vinte pessoas do mundo vivia na cidade. Agora, é cerca da metade da população mundial. As cidades se tornaram locais importantes para fabricar produtos que são mandados para outros lugares, mas também dependem do fornecimento de produtos fabricados ou plantados em outras localidades. É por isso que várias cidades grandes se localizam às margens dos rios ou à beira-mar: a água é um meio fácil de transportar mercadorias.

Nas metrópoles, o fato de as pessoas morarem umas perto das outras pode criar problemas. Os urbanistas devem encontrar formas de levar água, comida e energia elétrica para todas essas pessoas e descartar todo o lixo produzido por elas. Mas elas têm também suas vantagens. Há muitos empregos, podem-se fazer compras nas lojas, visitar museus e assistir a espetáculos e jogos.

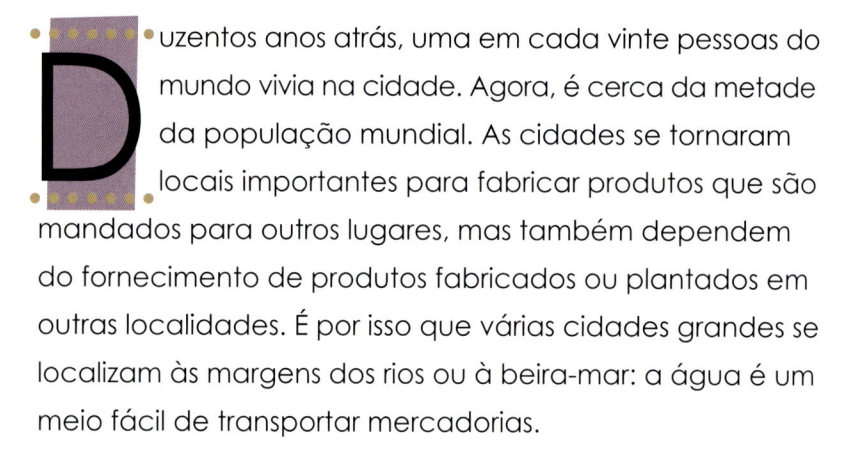

Próximo à maioria das metrópoles, existem **condomínios residenciais** que são menores do que as cidades ou as áreas urbanas. Eles são menos concentrados e oferecem mais espaço para casas maiores e jardins. Como esses condomínios ficam perto de uma grande cidade, os habitantes podem facilmente deslocar-se para lá trabalhar, fazer compras ou apenas se divertir.

Vivendo na cidade

Os ESQUILOS têm cauda peluda e vivem em árvores. Eles se alimentam de castanhas, sementes e frutas. Às vezes enterram esses tesouros durante o outono, guardando-os para os meses de inverno, quando é difícil arranjar comida.

As MOSCAS conseguem viver em qualquer lugar. Algumas têm uma espécie de papila gustativa nos pés, que avalia se o material em que pousaram é bom para comer.

Os FALCÕES-PEREGRINOS às vezes fazem ninhos em arranha-céus e se alimentam de esquilos, ratos e pombos. Eles podem mergulhar em velocidades de até 280 quilômetros por hora!

O OLMO é uma árvore resistente que cresce nas cidades. Seus galhos superiores tendem a se espalhar, dando uma boa sombra.

Os RATOS podem viver em bueiros e comem quase tudo. Eles se espalharam da Ásia para todos os cantos do mundo – aonde quer que o homem fosse.

O PEIXE-AZUL muitas vezes vive em rios próximos às cidades costeiras. Seu nome se deve à sua cor cinza-azulada.

DESCUBRA VOCÊ MESMO
Faça um comedouro para pássaros

Você quer atrair mais pássaros para o seu quintal? É fácil construir um comedouro para eles, que os fará vir num abrir e fechar de olhos.

Você vai precisar de:
- uma caixa de leite vazia e limpa
- tesoura
- um barbante ou arame forte
- ração para pássaros
- um clipe grande de papel
- uma vareta

1. Faça duas aberturas, do tamanho de um cartão-postal, em dois lados opostos da caixa.

2. Faça um furo abaixo de cada abertura.

3. Passe a vareta pelos dois buracos. Ela será o poleiro dos pássaros.

4. Faça um orifício na parte de cima da caixa e passe o clipe por ele.

5. Amarre o barbante ao clipe e dependure-o num galho de árvore resistente. (Você pode precisar da ajuda de um adulto para fazer isso.)

6. Encha o fundo da caixa com a ração e espere seus novos amigos chegarem.

DESCUBRA VOCÊ MESMO
Seja um observador de pássaros

Os pássaros encontram-se em todos os lugares: de perus-selvagens nas florestas e gaivotas na praia, até pombos nas cidades. Que espécie de pássaro vive em seu bairro? Dê uma olhada lá fora e descubra.

Você vai precisar de:
- um binóculo
- um caderno pequeno
- uma caneta ou um lápis
- material de pesquisa – um livro ou um site da internet com descrições dos pássaros comuns em sua região

A ornitologia é simples: encontre um lugar bom e silencioso ao ar livre, fique bem quieto e olhe em volta. Fique atento e ouça os diferentes cantos, pios e assobios. Logo você vai começar a reconhecer um pássaro pelo canto e pela aparência. Use o binóculo para olhar por entre os galhos das árvores. Se você ou um vizinho tiver um comedouro para pássaros, observe que espécies aparecem para um lanchinho. Quando encontrar um pássaro, descreva-o no seu caderno – sua cor, tamanho e qualquer outra marca especial que ele tenha. Desenhe-o também. (Se quiser, pinte-o mais tarde.)

Você pode querer descrever o som de seu canto: um assobio agudo, um grasnido grave ou qualquer outra coisa. É preciso ter paciência. Após fazer as anotações sobre os pássaros que encontrar, consulte suas referências para ver se consegue identificá-los. Leia sobre seus hábitos e *habitats*. Você acabou de aprender mais sobre o mundo à sua volta! Algumas pessoas fazem o que chamam de "lista da vida", que consiste em monitorar toda a vida dos pássaros que elas veem, aonde quer que vão. Esta é uma boa hora para começar!

Energia para o povo: combustíveis fósseis

Cerca de 85% da energia que utilizamos é originada de combustíveis fósseis: carvão, gás natural e petróleo. Precisamos desses tipos de energia para tudo, desde acender uma lâmpada e abastecer o carro da família até fazer funcionar a montanha-russa no parque de diversões.

Fósseis são restos de seres vivos. Combustíveis fósseis se originam de plantas e animais mortos, chamados de matéria orgânica. Quando morre um ser vivo – como um rato, um inseto ou uma árvore –, seus restos voltam para a terra como matéria orgânica. Com o passar do tempo, a matéria orgânica vai se acumulando e é pressionada cada vez mais para o fundo, em direção ao centro mais quente da Terra. Ao longo de muitos milhões de anos, o grande calor e a pressão transformam a matéria orgânica em carvão, gás ou petróleo.

PROTEJA A TERRA!

A água quente é muito boa na hora de tomar banho. Mas você já pensou em como ela se aquece? É isso mesmo – o aquecedor de água de sua casa gasta energia para esquentá-la. Então, tome cuidado quando for usar água quente. Não deixe o chuveiro aberto para esquentar antes de entrar debaixo dele. Assim que estiver quente o suficiente, entre! Se estiver tomando banho de banheira, não a encha até a borda. Você pode se lavar com um terço de água que a banheira comporta. Lembre-se: quanto menos água quente você usa, menos energia gasta – e isso é bom para a Terra.

O carvão é um tipo de rocha – como o arenito, o granito ou o mármore – que pode ser retirado do solo. Se estiver muito abaixo da superfície, temos de abrir um túnel para chegar até ele.

Não existe petróleo em poços subaquáticos, como você talvez imagine. Ele fica no interior das rochas.

Pense em como uma esponja absorve a água. Certas rochas fazem o mesmo com o petróleo.

O gás natural também é encontrado em certos tipos de rocha. O gás e o petróleo são mais difíceis de retirar do que o carvão e, às vezes, requerem uma perfuração muito profunda na terra e até mesmo no fundo do oceano!

A história dos COMBUSTÍVEIS FÓSSEIS...

Os seres vivos – plantas e animais – morrem, e seus restos voltam para a terra.

Depois de retirar o carvão, o petróleo ou o gás do solo, há inúmeras formas de utilizá-los. O carvão pode ser queimado para produzir calor. O calor transforma a água em vapor, que por sua vez faz girar os geradores de eletricidade. O gás pode ser queimado para esquentar o ar, que faz girar os geradores. E o petróleo pode ser transformado na gasolina que usamos para abastecer os carros.

OBA!

É um POÇO DE PETRÓLEO!

GACK!

SOB a superfície da Terra, esses restos se acumulam.

AO LONGO de milhões de anos, o calor e a pressão os transformam em gás, carvão ou petróleo!

Como já vimos, a cidade é o lugar onde muitas pessoas vivem – às vezes, aos milhões –, e todas têm de se locomover. Isso pode se tornar um pesadelo.

Em alguns lugares, as pessoas utilizam o carro para ir ao trabalho, a uma loja, visitar um amigo ou fazer outros deslocamentos. Mas nas cidades densamente povoadas não há espaço suficiente para todos dirigirem: as ruas ficariam congestionadas. Assim, os urbanistas desenvolveram um meio de transporte notável. É o chamado **transporte de massa**, ou seja, um sistema que transporta grande número de pessoas (massa) ao mesmo tempo.

O bonde foi um dos primeiros meios para transporte de pessoas nas cidades, e ainda é utilizado em alguns lugares, como em São Francisco, na Califórnia, Estados Unidos. Como os trens, os bondes deslocam-se sobre trilhos pelas ruas da cidade e levam muito mais gente do que um carro

Cidades em movimento

> **PROTEJA A TERRA!**
> Em algumas cidades, os urbanistas tentam estimular as pessoas a deixarem os carros em casa e usar o transporte coletivo. Isso ajuda a amenizar os congestionamentos e a reduzir as substâncias nocivas produzidas pelos carros. Em Londres, na Inglaterra, os motoristas têm de pagar pedágio para andar de carro nas vias principais da cidade, nos horários de maior movimento. Isso levou a uma redução diária de cerca de sessenta mil carros nessas áreas. As autoridades da cidade de Nova York estão pensando em adotar o mesmo sistema.

de passeio. Os passageiros embarcam num determinado ponto e descem quando chegam ao seu destino.

Os metrôs são como os bondes, só que andam debaixo da terra. As entradas e saídas estão espalhadas pela cidade, e os passageiros descem escadas (ou usam escadas rolantes ou elevadores) para chegar às plataformas de embarque e desembarque.

Como o metrô anda embaixo da terra, ocupa pouco espaço e pode transportar muitas pessoas com rapidez. O sistema metroviário de Tóquio, no Japão, tem 13 linhas diferentes e transporta mais de sete milhões de pessoas por dia.

As cidades são lugares muito agitados, com bastante gente. As **comunidades rurais** são o oposto: têm muita terra e poucos habitantes.

Quando você pensa em zonas rurais, provavelmente imagina fazendas e chácaras. Mas elas também têm florestas, parques nacionais, montanhas, desertos, isto é, lugares onde o meio ambiente sofreu pouca interferência do homem, mantendo-se em seu estado natural.

Os PICA-PAUS utilizam o bico forte para fazer buracos nas árvores, onde constroem seus ninhos e encontram alimentos. O crânio rijo e volumoso os protege do impacto das fortes bicadas.

A vida rural

Os BORDOS vicejam em muitos lugares da América do Norte. Sua madeira resistente é ótima para a construção de casas. Com a seiva viscosa, fabrica-se o xarope de bordo, usado em panquecas.

Os GUAXININS são animais silvestres que comem bagas, sementes, nozes, frutas e cereais. Além disso, alimentam-se de insetos, peixes e rãs. Sabe-se, também, que lavam a comida antes de comê-la!

Os URSOS-NEGROS comem peixes, bagas e mel. Eles acumulam gordura para a longa soneca que tiram no inverno, conhecida como **hibernação**.

Certo tipo de PERCA de boca grande (*Micropterus salmoides*) vive em lagos e rios da área rural. Não são peixes dos mais saborosos, mas são valorizados pelos pescadores pela feroz resistência que oferecem ao serem pegos. (Atualmente, muitos pescadores devolvem à água os peixes capturados; eles gostam mesmo é de pescar por prazer, mas não querem machucar nem matar os peixes!)

Alimentando o mundo

Acredita-se que as primeiras colheitas foram feitas por agricultores primitivos, por volta de 8000 a.C. Naquela época eles cultivavam alimento suficiente para suas famílias, com uma pequena sobra, talvez, para vender às outras. Mais tarde, além de plantar, os agricultores passaram a criar animais. Os criadores agora são chamados de pecuaristas.

Mas muita coisa mudou nestes dez mil anos, desde o aparecimento dos primeiros agricultores. Atualmente, muitos deles se dedicam à **monocultura**, isto é, ao cultivo de determinado produto, como arroz, alface, melancia ou laranja. E produzem não apenas para consumo próprio, mas também para vender. Os pecuaristas fazem o mesmo com vacas e bois.

Agricultores e pecuaristas escolhem com cuidado o lugar onde vão plantar ou criar o gado. Para os agricultores, a terra tem de ser **fértil** – deve ser um bom lugar para as sementes germinarem e crescerem. Para os pecuaristas, a terra tem de ser adequada à criação de animais. Eles precisam, por exemplo, de muito espaço, para que o gado possa andar, e de muita forragem que lhe sirva de alimento.

AGRICULTOR, 1000 A.C.

COMO SE FAZ UMA HORTA?

NÃO É NECESSÁRIO MORAR NO CAMPO PARA TER UMA PLANTAÇÃO. VOCÊ MESMO PODE FAZER ISSO, COMEÇANDO POR CULTIVAR UMA HORTA. É PRECISO UMA PEQUENA ÁREA DE TERRA NO QUINTAL, OU PELO MENOS UMA JARDINEIRA. UMA LOJA DE JARDINAGEM PODE AJUDÁ-LO A ESCOLHER A TERRA E AS SEMENTES E ENSINÁ-LO A CULTIVÁ-LAS. ERVILHAS, TOMATES E CENOURAS SÃO BEM FÁCEIS DE CULTIVAR, ALÉM DE SEREM DELICIOSOS! AS JARDINEIRAS SÃO ADEQUADAS PARA ERVAS COMO O MANJERICÃO, A SALSINHA E A HORTELÃ.

De onde vem o SEU café da manhã?

- Ovo (granja da região)
- Chocolate quente (Bahia)
- Leite (fazenda de gado leiteiro da região)
- Suco de laranja (laranjais do estado de São Paulo)
- Melão (Rio Grande do Norte)
- Manteiga (fazenda de gado leiteiro da região)
- Pão (trigo da região Sul ou da Argentina)

AGRICULTOR DOS DIAS ATUAIS

A menos que more numa fazenda e cultive o próprio alimento, quase tudo que você come atualmente vem de uma fazenda de agricultura ou pecuária. Se você comeu ovos no café esta manhã, saiba que vieram de uma granja onde se criam galinhas. Se comeu flocos de milho, este foi plantado por um agricultor. E o leite que você bebeu veio das vacas de uma fazenda de gado leiteiro.

O ciclo da vida

Todas as plantas e animais da Terra estão ligados, de uma forma ou de outra, ao meio ambiente. A maioria das plantas depende da luz do sol, do dióxido de carbono e da água para produzir o próprio alimento, através de um processo chamado **fotossíntese**. Um pouco do dióxido de carbono que as plantas utilizam vem dos seres humanos e de outros animais – dióxido de carbono (junto com vapor de água) é o que expelimos quando expiramos. Quando expelimos o dióxido de carbono, o processo da fotossíntese faz com que as plantas liberem o oxigênio que respiramos. Não podemos viver sem as plantas, e elas não podem viver sem nós!

As plantas também fazem parte do primeiro nível do que chamamos de "cadeia alimentar". Os animais que só comem plantas são chamados de **herbívoros**. Alguns herbívoros são pequenos, como os besouros; outros são bem grandes, como os elefantes e os ursos pandas. Os **carnívoros** fazem parte do nível seguinte da cadeia alimentar – os animais que comem outros para viver. A maioria das pessoas (e alguns animais também) come tanto vegetais quanto carne, o que os torna **onívoros**.

Os restos dos seres vivos – as plantas, os herbívoros e os carnívoros – voltam para a terra quando morrem e ajudam a nutrir novas plantas... que são comidas pelos herbívoros... que são comidas pelos carnívoros. E o ciclo continua.

Um sopro de AR FRESCO

INALE oxigênio, EXALE dióxido de carbono.

ABSORVA dióxido de carbono, LIBERE oxigênio.

PROTEJA A TERRA!

Você quer conhecer melhor os animais que vivem nos arredores? Comece por empilhar gravetos no quintal. (Mas antes peça permissão aos seus pais.) Pedaços de madeira velha, folhas, galhos de árvores e arbustos – estas são as coisas sob as quais os animais adoram se esconder. Faça isso e dê uma espiada de vez em quando, para ver quem veio lhe fazer uma visita.

A vida na **CADEIA ALIMENTAR**

ESTAS são as plantas...

que foram comidas por um gafanhoto...

que foi comido por uma cobra...

que foi comida por uma coruja...

que morreu e virou pó...

Como funciona um ATERRO SANITÁRIO

Solo

Revestimento

Lixo

PROTEJA A TERRA!
Não sobrecarregue o aterro sanitário! Dê uma olhada em sua casa e pense nas coisas que pode reutilizar em vez de jogar fora. As sacolas e as caixas são boas para isso – uma caixa de papelão bem grande pode se tornar um ótimo clubinho. A maioria das garrafas pode ser lavada e usada novamente para colocar água ou suco. Lembre-se de que a folha de papel tem dois lados – quando estiver desenhando, escrevendo ou pintando, use ambos os lados. Que coisas você pode deixar de mandar para o aterro? Faça uma lista. (Reutilizando, você também ajuda sua família a economizar dinheiro.)

Da lata de lixo para o aterro sanitário

No ano de 2005, os americanos jogaram fora mais de 245 milhões de toneladas de lixo. É uma montanha de lixo! Considerando-se o número de adultos e de crianças do país, é como se cada pessoa produzisse 2 quilos de lixo por dia. Se você tivesse de sair por aí carregando esse peso, seria o suficiente para encher a mochila escolar dia sim, dia não. Pense nisso na próxima vez que for jogar uma caixa de suco na lata de lixo da cozinha.

Mas para onde vai todo esse lixo? Sabemos que os lixeiros o recolhem da calçada e jogam dentro de um grande caminhão todos os dias. Mas... e depois?

Uma parte do nosso lixo é reciclada. (Vamos falar sobre isso mais adiante.) Outra é levada para os chamados "lixões", onde o lixo vai sendo empilhado, formando uma montanha malcheirosa cada vez mais alta. E outra parte é queimada, o que pode liberar substâncias nocivas na atmosfera.

Uma parte de nosso lixo vai para o aterro sanitário. **Aterros sanitários** são lugares onde o lixo é enterrado entre camadas de barro compactado. Eles são planejados para evitar que o material líquido (chorume) que sai do lixo vaze para o solo, causando danos ao meio ambiente. Mas isso não quer dizer que os aterros sanitários sejam uma solução para o nosso lixo. Como já vimos, estamos produzindo cada vez mais lixo e, quando um aterro fica lotado, temos de encontrar outro lugar para colocá-lo. Dessa forma, cada vez mais terra tem de ser usada para sepultar aquelas leiteiras, tênis estragados e televisores quebrados que jogamos fora.

Como VOCÊ pode ajudar! Usando menos papel

Uma maneira de proteger as árvores da Terra é reduzindo a quantidade de correspondência que sua família recebe. Muitas empresas, como a companhia telefônica e os bancos, por exemplo, permitem que você pague suas contas pelo sistema *on-line*. Assim, as contas não serão enviadas para sua casa, e seus pais não precisarão emitir nenhum cheque. Cada conta paga pela internet significa menos papel usado. E você economiza o selo também! Se seus pais tiverem um computador e ainda não o utilizam para isso, peça-lhes que o façam. Diga-lhes que é para ajudar a Terra.

Uma outra forma de reduzir o desperdício de papel é cortar o chamado *junk mail* – folhetos de propaganda, catálogos, pedidos de donativos etc. Estima-se que cada família receba o equivalente a uma árvore e meia desse tipo de correspondência todo ano. Sugira a seus pais que peçam às instituições filantrópicas que não passem seu endereço a outras instituições. Isso fará com que diminuam os pedidos de donativos que sua família recebe.

Quando receber correspondências de propaganda, contas, ou o que quer que seja, lembre-se de reciclá-las quando não precisar mais delas!

Reutilize e recicle

Como já vimos, grande parte do lixo que produzimos acaba poluindo o meio ambiente. Mas há uma maneira de lidar melhor com todo esse lixo: reciclando. Muitas coisas que jogamos fora podem ser reutilizadas – elas podem ser transformadas em novos produtos.

A reciclagem é benéfica em todos os sentidos: em primeiro lugar, o lixo reciclável não é queimado, jogado num depósito ou num aterro qualquer, o que prejudicaria o meio ambiente. Em segundo lugar, quando reciclamos materiais, não precisamos utilizar novos recursos naturais para produzir algo.

Muitas comunidades mantêm um programa de reciclagem para o aproveitamento de certos materiais. Produtos de metal como latas de refrigerante e de cerveja, chapas de alumínio, cabides de arame e até armários podem ser derretidos e usados para fazer novos objetos de metal. Jarros e garrafas de vidro podem ser reciclados da mesma forma. Quando reciclamos papéis e papelão para fazer novos produtos, deixamos de cortar mais árvores. Alguns produtos de plástico, como caixas de leite e recipientes para suco, também são recicláveis.

PROTEJA A TERRA!

Procure saber quais os programas de reciclagem que existem na comunidade e incentive sua família a participar. Ajude a separar as coisas que podem ser recicladas e descubra o dia e o horário em que os produtos recicláveis são recolhidos. É mais uma forma de ajudar a proteger a Terra!

Como você pode ajudar!

Como atuar na escola

A lanchonete da escola é um ótimo lugar para pensar em reciclagem, e há várias formas de fazê-lo. Aqui vão algumas sugestões:

1. Você leva lanche para a escola? Use uma sacola reutilizável ou arranje uma lancheira, se preferir, em vez de jogar uma sacola fora todos os dias. Há lancheiras em modelos e estilos muito bonitos. Escolha uma bem legal.

2. Prefira recipientes reutilizáveis para levar o suco, biscoitos ou o sanduíche em sua sacola ou lancheira, em vez de usar saquinhos plásticos e papel-alumínio, que têm de ser descartados.

3. Escolha um sanduíche natural. Como as florestas são derrubadas para a criação de gado (veja página 53), deixar de comer sanduíches de hambúrguer ou qualquer outra carne pode salvar as árvores.

4. Sua escola deve ter separado recipientes para a coleta de alumínio, papelão e outros artigos recicláveis. Use-os! Incentive os amigos a fazerem o mesmo. Cada lata reciclada é uma a menos a ser produzida.

Lixo Orgânico

5. Materiais orgânicos, como casca de ovos ou restos de alimentos (exceto carne), podem voltar para a terra, num processo chamado compostagem.

Composto orgânico é o adubo que se forma quando deixamos a matéria orgânica se decompor naturalmente. Essa matéria apodrece e pode ser adicionada ao solo para torná-lo mais fértil. Se sua escola não tiver um projeto de compostagem, tente começar um. Converse com um professor ou o diretor sobre a ideia de criar uma área de compostagem onde os alunos possam jogar sobras orgânicas. Aquele pedaço de sanduíche que você não comeu pode ajudar a fornecer comida para outra pessoa no futuro.

6. Reúna-se com os amigos e pesquisem o que podem fazer para ajudar a proteger o meio ambiente. Coloque essas informações em um cartaz e pergunte ao professor ou diretor da escola se você pode afixá-lo para divulgação.

As florestas virgens

Florestas são áreas da superfície da Terra cobertas de árvores. As árvores e os animais encontrados em cada floresta dependem do tipo de solo, de temperaturas e quantidades de chuva regulares e da topografia – se a área é montanhosa, acidentada ou plana.

A SEQUOIA-GIGANTE é uma árvore de grande porte que pode chegar a mais de 90 metros de altura. Seria o equivalente ao comprimento de um campo de futebol. Algumas têm tronco com mais de 6 metros de diâmetro. Elas são encontradas na Califórnia e no Oregon, e podem viver milhares de anos.

Os LOBOS, quando estão caçando, andam em alcateias. São os maiores dentre os cães selvagens.

O PORCO-ESPINHO tem os pelos transformados em espinhos duros que o protegem dos **predadores** – animais que podem tentar comê-lo. É um dos poucos animais que podem comer folhas de pinheiro.

As **florestas de coníferas** são encontradas nas mais altas latitudes, mais distantes do equador e mais perto dos polos Norte e Sul. Como as árvores das florestas de coníferas não perdem as folhas no inverno, são chamadas de **sempre-verdes**.

As **florestas decíduas** geralmente se encontram mais próximas ao equador do que as coníferas. As folhas de suas árvores caem no outono e renascem na primavera.

Um ecossistema é um conjunto de seres vivos e o meio ambiente em que se encontram. Nosso planeta pode ser visto como um grande ecossistema. Todas as suas plantas e criaturas dependem umas das outras para sobreviver. Há ecossistemas menores também, por exemplo, as pradarias, com seus coiotes, que se alimentam de coelhos, e a relva que alimenta os coelhos.

Os CERVOS são criaturas graciosas cuja velocidade os ajuda a fugir dos predadores. Os machos lutam com grandes e amplas galhadas para se tornarem líderes do rebanho.

Certas plantas precisam de muita luz do sol para sobreviver, mas as SAMAMBAIAS vicejam bem à sombra das florestas decíduas.

As CODORNAS fazem seus ninhos no chão – e gostam mais de andar que de voar. Vivem em bandos e se alimentam de insetos e sementes.

As **florestas tropicais** encontram-se próximo ao equador, uma região muito chuvosa. O clima é quente e úmido e, como não há inverno, as plantas crescem ao longo de todo o ano. As florestas tropicais abrigam mais da metade das espécies de plantas e animais do mundo – ainda que cubram apenas 7% da superfície da Terra.

FLORESTAS TROPICAIS AMEAÇADAS

AS FLORESTAS TROPICAIS SEMPRE COBRIRAM VASTAS EXTENSÕES DE TERRA, MAS AGORA ESTÃO SE REDUZINDO RAPIDAMENTE. OS CIENTISTAS CALCULAM QUE MAIS DE 150 MIL QUILÔMETROS QUADRADOS DE FLORESTAS TROPICAIS DESAPARECEM TODOS OS ANOS. É UMA ÁREA DO TAMANHO DO ESTADO AMERICANO DA GEÓRGIA.

O QUE ESTÁ ACONTECENDO? JÁ SABEMOS QUE FAZENDEIROS E PECUARISTAS PRECISAM DE TERRA FÉRTIL PARA SUAS PLANTAÇÕES. A TERRA É GRANDE, MAS AGORA EXISTEM POUCAS TERRAS DISPONÍVEIS, POR ISSO AS FLORESTAS TROPICAIS ESTÃO SENDO DERRUBADAS PARA DAR LUGAR A NOVAS FAZENDAS DE EXPLORAÇÃO AGRÍCOLA E PECUÁRIA. OS MINERADORES ESTÃO SEMPRE EM BUSCA DE METAIS VALIOSOS, COMO PRATA, COBRE E OURO, EM ÁREAS COBERTAS DE FLORESTAS TROPICAIS. ALÉM DISSO, HÁ UMA CONSTANTE DEMANDA DE MADEIRA DE ÁRVORES DESSAS FLORESTAS. À MEDIDA QUE A POPULAÇÃO DA TERRA AUMENTA, CRESCE A DEMANDA DE MORADIAS E, CONSEQUENTEMENTE, TAMBÉM DE MADEIRA PARA CONSTRUÍ-LAS.

AS ÁRVORES MAIS ALTAS, QUE SE ERGUEM ACIMA DAS COPAS DAS OUTRAS ÁRVORES, CONSTITUEM A **CAMADA EMERGENTE**.

Camadas de floresta tropical

O **DOSSEL** É ONDE FICA A MAIORIA DAS COPAS DAS ÁRVORES. ELE DÁ SOMBRA À VIDA QUE SE ENCONTRA ABAIXO.

OS TRONCOS DAS ÁRVORES E AS TREPADEIRAS CONSTITUEM O **SUB-BOSQUE**.

FOLHAS, RAÍZES E MATÉRIA ORGÂNICA EM DECOMPOSIÇÃO ENCONTRAM-SE NO **CHÃO DA FLORESTA**.

Os **MICOS-LEÕES-DOURADOS** recebem este nome porque seus pelos lembram a juba do leão. Infelizmente, é uma espécie ameaçada de extinção. As unhas afiadas os ajudam a segurar nos galhos das árvores.

Os **TUCANOS** têm penas coloridas brilhantes e bicos enormes, que são usados para comer frutas, insetos e lagartos.

Com tantas árvores juntas, a busca por luz é uma verdadeira luta nas florestas tropicais. As **FLORES-DE-MARACUJÁ** germinam nos galhos das árvores, e lá conseguem tomar um pouco de sol.

As **CARANGUEJEIRAS** são as maiores aranhas do mundo. Elas comem lagartos, cobras e até pequenos pássaros.

A **SUCURI** é uma cobra enorme – algumas chegam a ter mais de 5 metros de comprimento – que se contrai e aperta a presa até a morte, e em seguida a devora. Os intervalos entre suas refeições chegam a durar um mês.

DESCUBRA VOCÊ MESMO
Cultive uma árvore

A ação do homem pode ter um grande impacto, positivo ou negativo, no meio ambiente. Plantar uma árvore pode ser uma ação positiva e divertida.

Sabemos que as árvores absorvem o dióxido de carbono e liberam o oxigênio de que o homem necessita para sobreviver. Se você plantar uma árvore, estará ajudando a produzir esse oxigênio tão precioso para a nossa vida. Sua árvore ajudará também a evitar a **erosão**, que acontece quando a água e o vento, por exemplo, vão cavando e tirando partes do solo, até tornar muito difícil a vida no local. Sua árvore vai acrescentar algo bonito ao mundo.

Ela pode colaborar de forma considerável com o meio ambiente – uma árvore plenamente desenvolvida fornece sombra, o que pode ajudar a diminuir os custos com a refrigeração de sua casa no verão. Isso pode representar uma economia de 10 a 50% da energia necessária para o funcionamento de um ar-condicionado.

O que fazer:

1. Procure saber que tipo de árvore se desenvolve bem em sua região. Você pode obter esse tipo de informação de órgãos públicos responsáveis pelas áreas verdes da cidade. Pode também se informar com um jardineiro ou com alguém que trabalhe num viveiro de plantas. Se estiver ansioso para obter resultados, informe-se sobre o tipo de árvore que cresce mais rápido e não precisa de muita água.

2. Informe-se sobre o quanto de água e de espaço sua árvore vai precisar. Ela só cresce em determinados tipos de solo? Pode ser plantada em qualquer época do ano ou há uma época certa? Pergunte o que é preciso fazer para ajudá-la a crescer.

3. Compre a sua muda em uma loja de jardinagem ou num viveiro de plantas.

4. Escolha um bom lugar para plantá-la, onde ela tenha bastante espaço para crescer. Lembre-se de que o tronco vai crescer para cima, os galhos, para os lados, e as raízes, para baixo.

5. Use uma pazinha para fazer uma cova larga o suficiente para que as raízes da planta possam se expandir, e profunda o bastante para que a parte da planta de onde brotam as raízes fique no nível do chão.

Você vai precisar de:
- uma muda de árvore (com menos de 1 metro de altura)
- um bom lugar para cultivá-la
- uma pá
- água

6. Coloque a muda na cova e espalhe as raízes.

7. Encha o buraco com a terra que você tirou, pressionando-a com firmeza. Se quiser, pode acrescentar um pouco de fertilizante. (Informe-se sobre isso antes de levar a muda para casa.)

8. Despeje uns dois litros de água na terra, para assentá-la melhor.

9. Siga as instruções que tiver obtido sobre como plantá-la e como cuidar dela.

10. Observe a muda crescer e alegre-se com sua contribuição ao meio ambiente!

Sumindo, sumindo, sumiu

Por muitos anos, as florestas tropicais foram sendo derrubadas para a extração de madeira, a exploração de minas e o estabelecimento de novas fazendas, sem que se pensasse nos danos que isso causa ao planeta. Mas essa devastação realmente prejudica a Terra. Como você já sabe, as árvores absorvem o dióxido de carbono e liberam o oxigênio, que tem uma grande importância para todo o planeta. A derrubada das árvores destrói esse equilíbrio, agravando o aquecimento global. Além disso, há coisas na floresta tropical que não se encontram em nenhum outro lugar, como as plantas das quais se fazem medicamentos e criaturas únicas como o sagui-leãozinho – um macaco que, quando adulto, pesa apenas 93 gramas!

A boa notícia é que muitas pessoas compreenderam a importância das florestas tropicais para todos nós e estão trabalhando para salvá-las. Alguns proprietários de terra plantam novas árvores ao derrubarem as antigas. Você pode contribuir, também, ajudando um grupo que está trabalhando para salvar as florestas tropicais. Além disso, pode tentar informar-se mais sobre as coisas que sua família consome. Se uma floresta tropical teve de ser derrubada para que as vacas pudessem pastar e, mais tarde, ser transformadas em hambúrgueres, considere a hipótese de comer outra coisa que não prejudique o meio ambiente.

Você acha que esses esforços não acrescentam nada? Em 2007, o governo brasileiro anunciou que o total de floresta devastada no ano anterior foi o mais baixo desde 1988, quando começou o monitoramento!

Vastidões arenosas

Os desertos são os lugares mais secos da Terra. Eles recebem menos de 500 milímetros de chuva por ano e representam um quinto das terras do planeta. São regiões de temperaturas extremas, que muitas vezes passam, num mesmo dia, de um calor escaldante para um frio cortante. Nessas regiões, a sobrevivência constitui um verdadeiro desafio.

O DESERTO DE SONORA

Às vezes, os FALCÕES-DE-CAUDA-VERMELHA fazem os ninhos nos cactos. Sua dieta consiste de cobras e lagartos que encontram no deserto.

Como os CACTOS têm uma casca espessa e coberta de espinhos, os animais não se animam a comê-los.

Há uma espécie de CASCAVEL que se desloca de lado, apoiando apenas uma pequena parte do corpo no solo, para evitar o calor.

Mas muitas plantas e animais fascinantes conseguem sobreviver, apesar das condições adversas e do solo arenoso. A maioria dos animais é carnívora porque há muito pouca vegetação. As plantas que conseguem se desenvolver no deserto são as capazes de armazenar água por muito tempo.

Também há pessoas que vivem no deserto. Elas estão sempre se deslocando em busca de água, ou então constroem lagos artificiais chamados **açudes**, onde armazenam a água de que precisam para sobreviver.

O DESERTO DO KALAHARI

Os DROMEDÁRIOS só suam quando a temperatura está altíssima, por isso podem ficar sem água por muito tempo. Como sua corcova acumula gordura, tampouco precisam alimentar-se com frequência.

Os ESQUILOS TERRESTRES DO KALAHARI têm uma grande cauda peluda que serve para protegê-los do sol.

Os GERBILOS passam a maior parte do dia debaixo da terra e saem à noite, quando está mais fresco.

Chegando aos extremos

Em que você pensa quando ouve a palavra "deserto"? Nas vastas extensões em que há somente areia formando dunas que se espraiam como ondas no horizonte? Num céu claro, azul e sem nuvens? Na ausência de metrópoles, cidades? Na ausência quase total de plantas e de árvores?

Bem, essa é uma boa descrição de alguns desertos, mas não de todos. É muito raro encontrarmos dunas – grandes montanhas de areia, formadas pelo vento. De modo geral, a superfície do deserto constitui-se de um solo duro e compactado. Uma característica comum a todos os desertos é que são **áridos**, isto é, quentes e secos. Na verdade, existem desertos bem chuvosos, com uma precipitação pluviométrica que chega a 100 centímetros por ano, mas suas temperaturas elevadas provocam uma grande evaporação, tornando-os áridos.

As nuvens são como cobertores – elas retêm o calor. Mas, como os desertos têm poucas nuvens, o calor do dia escapa facilmente à noite. Por isso, embora os desertos sejam extremamente quentes durante o dia, à noite pode esfriar muito – as temperaturas chegam a cair até 10 graus Celsius.

Uma outra característica é que têm muito vento. Como há poucas árvores e pouca vegetação para impedir a passagem do vento, este sopra muito forte, podendo provocar tempestades de areia.

Às vezes é possível mudar as condições do deserto. Você sabia que algumas das fazendas mais produtivas do mundo encontram-se em desertos irrigados? São lugares onde a água é trazida do subsolo para a superfície ou é canalizada de áreas não desérticas. A **irrigação** pode fornecer água suficiente para abastecer grandes cidades do deserto, como Las Vegas, no estado de Nevada. Grande parte da água usada em Riad, a maior cidade e capital da Arábia Saudita, é canalizada do golfo Pérsico, depois de dessalinizada.

Por ser difícil a vida no deserto, as plantas e os animais que nele conseguem sobreviver – e até mesmo vicejar – desenvolvem características especiais.

Nossa, coelhinho... Como está frio aqui!

PROTEJA A TERRA!

Como já vimos, você não precisa morar num deserto para economizar água. No verão, mantenha uma jarra de água na geladeira. Assim, quando estiver com sede, não precisará deixar a água escorrendo da torneira para esfriar antes de beber e estará economizando a água que, de outra forma, desceria pelo ralo.

DESCUBRA VOCÊ MESMO
Prepare um delicioso chá solar

Hum!...

Assim como as pessoas, as plantas e os animais do deserto se adaptam às condições de aridez e calor, também podemos nos adaptar e até aproveitar os raios quentes do sol. Esta receita fácil de "chá solar" aproveita o calor do sol para fazer uma bebida muito apreciada no verão.

Você vai precisar de:
- 4 litros de água
- 6 saquinhos de chá (chá comum ou então de hortelã ou um sabor de fruta)
- uma jarra limpa

1. Coloque a água na jarra. Acrescente os saquinhos de chá. Cubra com uma tampa ou com filme plástico de PVC.

2. Deixe a jarra sob os raios solares até que a água fique da cor de âmbar (geralmente, em torno de duas ou três horas). Retire os saquinhos de chá.

3. Coloque na geladeira e beba dentro de um ou dois dias. Só isso!

O sol faz o trabalho de um fogão – esquenta a água enquanto ela absorve o sabor do chá! Acrescente um pouco de gelo, açúcar e limão ou outro suco de fruta – que delícia!

A sobrevivência dos mais aptos

As sementes de algumas plantas, como as do CACTO, podem viver por longos períodos de estiagem. Quando finalmente chove, elas germinam. As raízes das plantas do deserto são bem profundas, para poderem alcançar a água bem abaixo da superfície. Podem também ser mais largas, para receber mais água quando chove.

Os MORCEGOS, algumas RAPOSAS e COBRAS saem de seus refúgios à noite, quando está mais fresco.

Alguns mamíferos, como o VEADO-MULA e o grande COELHO-AMERICANO, têm orelhas grandes que os ajudam a se livrar do calor mais rápido.

Desertificação: sem mato e sem cachorro

1 O gado come todas as plantas do campo.

2 O vento e a chuva provocam erosão no solo, que fica sem as raízes das plantas que lhe dão sustentação.

3 O que resta do solo não tem condições de manter os seres vivos.

Em muitos lugares do mundo, os desertos estão se expandindo. Isso se chama **desertificação**. Ela ocorre devido ao surgimento de condições propícias à expansão do deserto para as áreas vizinhas.

Às vezes isso acontece naturalmente, ao longo de milhares (e mesmo de milhões) de anos. Esse tipo de desertificação se deve em particular às lentas mudanças do **clima** – as condições regulares do tempo de determinada região.

Mas a desertificação com a qual as pessoas estão preocupadas é causada por nós, seres humanos.

O aumento das áreas usadas para a agricultura e pastagem do gado pode acabar com toda a vegetação natural que alimentava os animais selvagens. E este não é o único problema. Quando as plantas são arrancadas, a erosão acontece muito mais rápido.

Algumas soluções para o problema da erosão: os governantes podem incentivar os agricultores a alternar suas culturas, para que a terra possa se recuperar; oferecer auxílio-alimentação para aqueles que não têm alternativa, senão utilizar o solo intensivamente.

A vida no congelador

A REGIÃO ÁRTICA

Os lugares mais frios da Terra são o Polo Sul (o continente da Antártida) e a região Norte da Ásia e da América do Norte. Por incrível que pareça, essas regiões são ainda mais frias do que o Polo Norte. Essa área não é coberta por terra, mas por água (no verão) e gelo flutuante (no inverno).

Como a maior parte do solo da região Ártica está sempre congelado, só uma vegetação especial pode se desenvolver ali. Plantas de raízes curtas, como o ERIÓFORO, conseguem vicejar na fina camada superficial do solo, que derrete no verão.

A ANDORINHA-DO-MAR ÁRTICA é uma tremenda viajante que se desloca de acordo com a mudança das estações. Ela passa o verão no Ártico e depois voa para o Sul, em

Os URSOS-POLARES têm uma grossa camada de gordura sob o pelo que ajuda a protegê-los do frio. Os animais de grande porte conservam melhor o calor que os pequenos, e o urso-polar pode chegar a pesar mais de 800 quilos!

A RAPOSA ÁRTICA passa o verão armazenando a comida de que vai precisar no frio e longo inverno.

As FOCAS nadam no frio oceano Ártico. Como seu corpo armazena oxigênio muito bem, elas conseguem ficar debaixo d'água por mais de 30 minutos, à caça de peixes!

Devido à sua posição em relação ao sol, os extremos Sul e Norte do planeta Terra recebem pouca (ou nenhuma) luz solar no inverno (que começa em dezembro, no Norte, e em junho, no Sul). E no alto verão o sol brilha o dia todo, mas continua fazendo muito frio.

Os polos Norte e Sul têm uma diferença significativa. O Polo Sul, o extremo sul do planeta, fica na Antártida, um continente enorme coberto quase totalmente de gelo.

O Polo Norte fica no oceano Ártico. Apesar do frio, alguns animais conseguem sobreviver tanto na Antártida como no Ártico.

direção à Antártida. Quando o inverno se aproxima na Antártida, a andorinha voa de volta para o Norte – uma viagem que pode se estender por mais de 35.400 quilômetros!

A ANTÁRTIDA

As BALEIAS-JUBARTE podem ser encontradas nos oceanos do mundo todo, inclusive nas águas frias dos polos.

Os PINGUINS-IMPERADORES vivem na Antártida e se aconchegam para se aquecer. Como é mais frio na periferia do círculo formado por seus corpos, eles se revezam para que todos fiquem um certo tempo no meio.

As eras glaciais

Por razões que ninguém sabe ao certo (os cientistas sabem muito sobre o meio ambiente, mas ainda há muito a aprender!), a Terra tornou-se muito gelada em alguns períodos. Durante essas eras, que duraram centenas de milhares de anos e são chamadas **eras glaciais**, o gelo cobria grandes áreas de terra, especialmente na parte Norte do planeta.

Durante essas eras glaciais, **mantos de gelo** gigantes se expandiram dos polos na direção do equador. Alguns deles tinham centenas de metros de espessura, e aos poucos foram esculpindo vales à medida que deslizavam em direção ao Sul, vindos do Ártico, ou rumo ao Norte, vindos da Antártida. Pedras e terra ficaram congeladas nos mantos de gelo enquanto eles se alastravam pela superfície do planeta. Dessa forma, muitas porções da Terra foram movidas de um lugar para outro, e a superfície do planeta se transformou.

Embora esse movimento tenha sido muito lento – você não notaria movimento algum se estivesse observando os mantos de gelo –, eles se moviam sim, a uma velocidade que variava de alguns metros a algumas centenas de metros em um ano. Quando a era glacial chegou ao fim e os mantos de gelo desapareceram, os vales criados por eles continuaram existindo, assim como a terra e as pedras que eles carregavam.

CURTA UMA GELADA!

Eis aqui algo que talvez o surpreenda: como atualmente há mantos de gelo em lugares como a Groenlândia, alguns dizem que estamos numa era glacial. Mas a maior parte das pessoas usa esse termo para se referir a épocas em que os mantos de gelo cobriam áreas maiores da Terra.

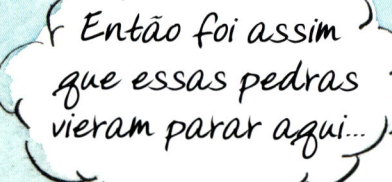

Então foi assim que essas pedras vieram parar aqui...

62

DESCUBRA VOCÊ MESMO
Faça o próprio manto de gelo

À medida que o clima da Terra muda – tanto por processos naturais quanto pelo impacto do homem no meio ambiente –, muitos mantos de gelo estão decrescendo e assim mudando a paisagem. Você tem curiosidade em saber como esses mantos de gelo se movem e o que eles deixam por onde passam? Você pode fazer um minimanto de gelo em casa e observar o efeito dele na superfície à medida que se movimenta.

Primeiro coloque no recipiente 2 centímetros de areia, terra e cascalho. Depois, despeje 5 centímetros de água. Ponha a vasilha no congelador e retire quando o líquido estiver congelado. Então, adicione mais 2 centímetros de areia, terra e cascalho, e mais 5 centímetros de água. Congele de novo. Continue fazendo isso até que tenha enchido todo o recipiente.

Você já tem seu minimanto de gelo; agora tem de preparar a superfície sobre a qual ele irá se mover. Peça a um adulto que pregue o prego numa das extremidades da tábua. Em seguida, remova o seu minimanto de gelo da embalagem de plástico. (Despejar um pouco de água quente nela pode facilitar seu trabalho.) Ponha o minimanto de gelo sobre a tábua com o lado maior para baixo.

Prenda um lado do elástico no prego e o outro no minimanto de gelo. No quintal de sua casa, apoie um lado da tábua – o lado que tem o prego – em cima do tijolo. Agora é só esperar.

À medida que o manto de gelo derreter, ele se tornará mais leve e o elástico lentamente vai puxando-o para a parte mais alta da tábua. Quando isso acontecer, o que estava congelado vai ficar pelo caminho ou rolar tábua abaixo. Quando o minimanto de gelo tiver derretido completamente, só restará um rastro de terra, areia e seixos – exatamente como os sedimentos deixados quando um manto de gelo de verdade derrete.

Você vai precisar de:
- um recipiente de plástico limpo (uma embalagem vazia de iogurte está ótimo)
- areia, terra e cascalho
- água
- congelador
- uma tábua com pelo menos 15 centímetros de largura e 45 centímetros de comprimento
- um martelo e um prego
- um elástico grande um tanto frouxo
- um tijolo

gelo
areia, terra e cascalho

O ar à nossa volta

Imagine-se pulando em uma piscina. Quando você está totalmente submerso, de repente é tomado por uma sensação muito diferente. Você sente a pressão da água em todo o seu corpo. Dependendo da temperatura da água, você se sente mais frio ou mais quente. E não consegue respirar!

Você sabe que a água é um fluido – mas antes de entrar na piscina você também estava em um fluido: o ar ao seu redor! Um fluido pode ser um líquido ou um gás. Em uma piscina você sente a temperatura da água e a pressão dela na sua pele. Quando está do lado de fora da piscina, provavelmente não percebe a pressão do ar, porque está acostumado a ela. Mas frequentemente percebe a temperatura do ar – em especial quando sente calor no verão ou frio no inverno.

O ar à nossa volta é uma mistura de gases, em sua maior parte nitrogênio e oxigênio, chamada **atmosfera**. Podemos medir sua temperatura e a **pressão atmosférica**, ou a força da pressão que o ar exerce sobre nós.

Você sabe que não pode respirar debaixo d'água. Isso acontece porque nossos corpos foram feitos para inspirar os gases da atmosfera à nossa volta – principalmente o oxigênio. Na água, você fica envolto em um líquido. Não pode respirá-lo porque não é um peixe! E a água é composta na maior parte por hidrogênio, mas nossos corpos precisam inspirar oxigênio. A atmosfera da Terra é especial porque tem exatamente os gases de que nós e os outros seres vivos do planeta precisamos – e é por isso que não podemos viver em outro planeta sem controlar de alguma maneira a atmosfera ao nosso redor.

Smog

Talvez você já tenha ouvido a palavra *smog*. Ela vem da combinação das palavras em inglês "smoke" (fumaça) e "fog" (nevoeiro). *Smog* é uma forma de poluição que faz o ar parecer meio nebuloso e sujo, e às vezes até fétido.

Mas de onde vem esse tal de *smog*? Quando a neblina se mistura com a fumaça de uma chaminé, por exemplo, ela pode se tornar um nevoeiro cinza que flutua acima do solo. Isso é *smog*. Mas ele também é produzido de outras maneiras. Fábricas e automóveis geralmente liberam gases **tóxicos** e prejudiciais no ar. Quando a luz do sol atinge esses gases tóxicos, produz-se uma névoa nociva, à qual também se dá o nome de *smog*. Essa névoa é mais comum em lugares quentes com muitos carros e fábricas – por exemplo, em grandes cidades do mundo, como São Paulo e Rio de Janeiro, no Brasil, e muitas outras nos Estados Unidos.

Aprendemos que o ar à nossa volta é muito especial e também o quanto é importante cuidarmos dele. Eis aqui um modo interessante e bem fácil de ver como o *smog* – aquela combinação de fumaça e névoa – afeta o ar que você respira todos os dias.

Você vai precisar de:
- 2 cabides de arame
- 8 elásticos
- um saco plástico

1. Entorte os cabides para que fiquem mais na forma de um quadrado do que de um triângulo.

2. Ponha 4 elásticos em cada cabide, distribuídos com espaçamento regular. (Você pode fazer pequenos ajustes na forma do cabide para que cada elástico fique firme.)

DESCUBRA VOCÊ MESMO
Faça um detector de smog

3. Pendure um cabide no quintal de sua casa, em um lugar abrigado do sol – um galho baixo de uma árvore, por exemplo.

4. Coloque o outro cabide dentro de um saco plástico e ponha dentro de uma gaveta em seu quarto.

5. Espere uma semana.

6. Pegue o cabide que estava dentro de casa e compare-o com o que estava no quintal. Estique os elásticos em cada um deles e veja se pode notar alguma diferença. (Se não notar diferenças ainda, ponha os cabides de volta nos respectivos lugares e espere mais uma semana.)

O que você provavelmente vai notar é que os elásticos do cabide que estava no quintal ficaram quebradiços e com rachaduras. Se você os puxar, é possível que rebentem. Por quê? Porque o *smog* os corroeu durante esse tempo. No entanto, os elásticos que estavam guardados continuam em boas condições, pois ficaram protegidos dentro de casa.

Esse tipo de poluição parece bem mais real quando você vê o efeito que pode ter – bem aí no seu quintal.

Lembre-se do que pode fazer para ajudar a combater o *smog*, como andar de bicicleta ou a pé em vez de usar o carro. Você também pode poupar energia para diminuir a quantidade de poluentes liberados no ar pelas usinas de energia. Se todos contribuirmos um pouco, poderemos combater esse mal.

Como você deve imaginar, o smog não é bom para você. Pode causar irritação nos olhos e problemas respiratórios, como asma. Plantas, árvores e outros tipos de vegetação também podem ser prejudicados por esse tipo de poluição.

TRABALHANDO JUNTOS

Para reduzir a quantidade de poluentes que lançamos na atmosfera, todos nós temos de mudar o jeito de viver. Os países têm de produzir mercadorias e gerar energia de outras formas, e temos também de mudar nossos hábitos, como passar a usar menos o carro e gastar menos energia. Não é tarde demais para diminuir ou até mesmo cessar o estrago que vem sendo feito ao meio ambiente — desde que os países concordem em trabalhar juntos, e cada um de nós também faça a sua parte.

Entendendo a gravidade da situação

Conforme aprendemos, todos os seres vivos precisam de um ambiente com temperatura e pressão atmosférica adequadas. Essas condições devem ser reproduzidas nos veículos que mandamos para o espaço. Pense na roupa espacial de um astronauta – ela existe justamente para garantir pressão e temperatura corretas. Uma cápsula ou qualquer veículo espacial tem de prover essas condições também, quase como se fosse uma roupa espacial gigante, para um grupo de astronautas.

Mas uma coisa que não é fácil conseguir é reproduzir a gravidade. Então, os astronautas têm de aprender a se virar sem ela. Será que você pensa que a gravidade não tem nada a ver com a atmosfera? Errado! É a gravidade que prende a atmosfera na Terra. Pense no que poderia acontecer se a gravidade desaparecesse – nós e a atmosfera ao nosso redor ficaríamos todos flutuando no espaço!

A VOVÓ ENFRENTA UM MOMENTO DE GRAVIDADE ZERO

Como VOCÊ pode ajudar!

Combatendo o smog

Os carros fabricados hoje em dia produzem menos gases tóxicos do que os carros do passado. Alguns são movidos a **etanol**, um combustível que pode ser obtido a partir da cana-de-açúcar e tem combustão mais limpa do que a gasolina. No futuro é possível que os carros sejam movidos a hidrogênio, que é barato e abundante. Mas hoje em dia a maior parte dos carros ainda usa gasolina, cuja queima resulta na liberação de gases que são tóxicos e contribuem para o aquecimento global. E é por isso que muitos **ambientalistas** incentivam o uso de carros somente em último caso. Como você pode ajudar?

- **RODÍZIO.** Se seus pais o levam de carro para a escola, tente começar um rodízio pela vizinhança, em que cada dia um vizinho dê carona a outro. Pergunte a seus pais se eles aceitam dar carona para alguns colegas seus que morem perto, por uma semana. Na outra semana, veja se os pais de um desses colegas pode fazer o mesmo. Fazendo esse rodízio, você ajuda a manter mais carros fora das ruas, o que diminui a produção de *smog*.

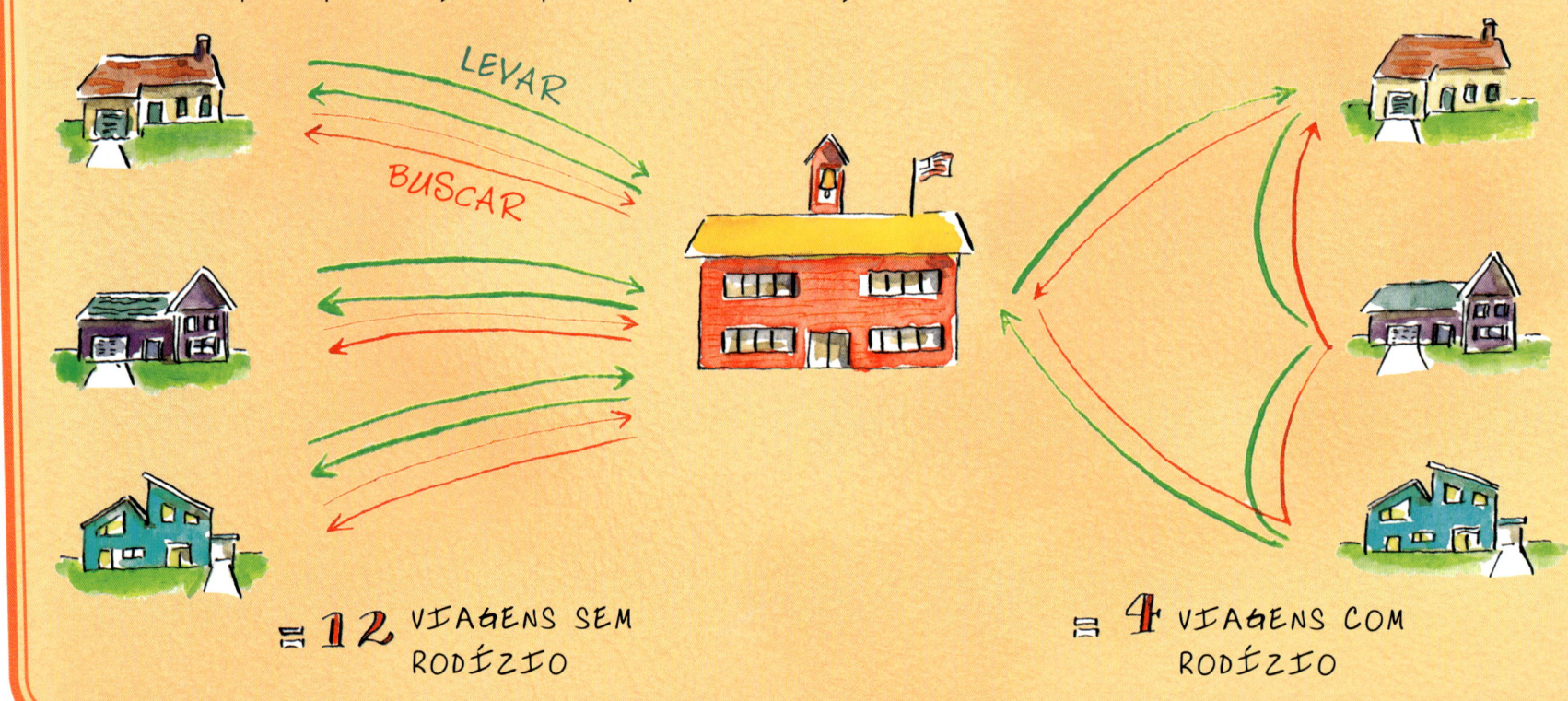

LEVAR
BUSCAR

= 12 VIAGENS SEM RODÍZIO

= 4 VIAGENS COM RODÍZIO

HÍBRIDO
Gasolina + Eletricidade

- **OPTE PELO HÍBRIDO**. Nos últimos tempos tem crescido a popularidade de carros que consomem menos gasolina. Eles são chamados de **híbridos**, termo usado para indicar algo que é a combinação de duas ou mais coisas. Os carros híbridos são movidos a gasolina e a eletricidade. Isso reduz a quantidade de gasolina queimada. Pode ser que você não consiga persuadir seus pais a trocarem o carro por um que consuma menos gasolina – mas é algo para ter em mente quando, no futuro, você comprar o seu.

ZEBROIDE
Zebra + Asno

TANGELO
Tangerina + Pomelo

- **A PÉ OU DE BICICLETA**. Por enquanto, você pode diminuir o uso do carro – e fazer um bom exercício – se andar a pé ou de bicicleta, em vez de pedir para seus pais o levarem de carro. A quantidade de gases tóxicos que o carro liberaria no ar nesse percurso pode ser pequena, mas muitas pequenas ações podem levar a grandes mudanças. Quando se trata de proteger o planeta – e a sua saúde – todo pouquinho é bem-vindo!

A sabedoria meteorológica

Pense no tempo como o resultado do que a atmosfera decide fazer de si mesma. Será que hoje eu faço chuva ou uma tempestade? Será que expulso as nuvens e deixo o sol aparecer? Ou quem sabe deva pirar e fazer um furacão ou um tornado!

O clima na Terra é o resultado do que se passa na atmosfera. Tudo tem a ver com a transferência de energia (não está meio esquisito?). O sol é a fonte dessa energia, mas seus raios atingem diferentes partes do planeta em ângulos variados. Isso, entre outros fatores, cria a diferença de temperatura de um lugar para o outro, diferença essa que outros processos climáticos tendem a nivelar.

Por exemplo: o sol gera mais calor nas latitudes baixas (próximas ao equador) do que nas latitudes altas. Então, o calor naturalmente se distancia do equador em direção aos polos, criando tempestades fortíssimas, em forma de redemoinhos que passam pelas latitudes médias. Essas tempestades – as piores são chamadas de furacões – movimentam o ar frio em direção às baixas latitudes e o ar quente em direção às latitudes altas. Esse fenômeno é chamado de "transferência de calor".

Mas o que causa os "bons e velhos" temporais com trovões? A superfície da Terra é aquecida pelo sol, o que torna a atmosfera mais baixa mais quente do que a alta. Essa diferença de temperatura – quente embaixo e frio em cima – deve ser nivelada de forma a levar calor de baixo para cima.

Temos, portanto, temporais e outros tipos de chuva, que são a última etapa da transferência de calor da área mais baixa da atmosfera para a mais alta. Às vezes, essa troca de energia adquire muita força concentrada em uma área pequena, e o resultado é um tornado.

Não há como escapar do clima, e o homem passou toda sua história – desde quando vivia em cavernas – tentando evitar climas frios, quentes, com muito vento, muita umidade e tempestades. Construímos casas, fábricas, ocas e tendas para nos proteger do tempo, e usamos ar-condicionado e aquecedores para deixar a temperatura mais ao nosso gosto.

Quando possível, porém, também usamos o tempo a nosso favor. Dependemos da chuva para nossas plantações, por exemplo. Usamos a água, o vento e os raios solares para gerar energia. Na verdade, não há nenhum fator climático que não nos afete, de uma maneira ou de outra.

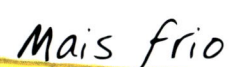

Mais frio

Mais quente e mais uniforme

DESCUBRA
Dois experimentos para ajudá-lo

FAÇA O SEU PRÓPRIO RAIO

Aqueles clarões que vemos no céu durante um temporal – os raios – são apenas faíscas gigantes. As faíscas são causadas pela passagem de eletricidade entre as nuvens, ou entre uma nuvem e o solo. Você pode produzir em casa sua própria faísca (mas bem menor e mais segura do que um raio) usando apenas alguns objetos.

1. Cubra a palma da sua mão com o filme plástico.
2. Esfregue-a rapidamente no jornal de um lado para o outro, repetidamente, por cerca de 30 segundos.
3. Com a outra mão, ponha a tampa metálica no meio do jornal.
4. Levante o jornal enquanto o seu amigo coloca um dedo perto do metal.
5. Observe a faísca! (Se fizer isso no escuro, a faísca vai se parecer ainda mais com um raio!) Quando você friccionou o jornal, carregou-o com **eletricidade estática**. No momento que seu amigo tocou na tampa, a eletricidade foi liberada e passou do jornal à tampa. (A eletricidade passa facilmente pelo metal.) Os relâmpagos são apenas uma versão bem maior dessa faísca!

Você vai precisar de:
- uma folha de jornal
- um pedaço de filme plástico de PVC
- uma tampa de lata de leite em pó ou outra qualquer (cuidado com as bordas afiadas!)
- um amigo para ajudá-lo

VOCÊ MESMO
a entender como funciona o tempo

Certifique-se de que está bem cozido...

MUDE A PRESSÃO ATMOSFÉRICA

Temos aqui um experimento climático que merece aplauso. Sabemos que os ventos fortes dos tornados podem causar destruição – mas a baixa pressão atmosférica que eles trazem também pode ser perigosa. Aqui está uma maneira fácil de experimentar a força de uma queda de pressão.

Você vai precisar de:
- um ovo bem cozido e descascado
- uma garrafa de vidro com a boca um pouquinho menor do que o ovo
- 3 ou 4 fósforos
- um adulto para ajudá-lo

1. Peça a um adulto que acenda os palitos de fósforo e os jogue depressa dentro da garrafa.

2. Coloque o ovo na boca da garrafa, com a parte mais pontiaguda voltada para baixo, cuidando para que a abertura fique completamente tampada.

3. Veja o que acontece!

GLUP! – O ovo é puxado para dentro da garrafa! Por que isso acontece? Primeiro os fósforos acesos aquecem o ar dentro da garrafa, consumindo todo o oxigênio à medida que queimam. Quando os fósforos se apagam, o ar esfria, fazendo com que caia a pressão atmosférica dentro da garrafa. Como a pressão atmosférica do lado de fora continua a mesma, o ovo é sugado para dentro da garrafa.

No caso de um tornado, a queda de pressão atmosférica pode ser perigosa quando ocorre de um lado só de uma edificação. Isso pode fazer com que telhados ou paredes desabem para dentro, assim como aconteceu com o ovo.

Tornados, furacões e outros fenômenos extremos

Quando o tempo chega aos noticiários é geralmente porque acontece algo fora do comum: ondas de calor ou de frio, chuvas fortíssimas, nevascas arrasadoras ou tornados perigosos.

Quando somos atingidos por uma forte **precipitação** (chuva, neve ou granizo) é porque uma série de coisas está acontecendo mais ou menos ao mesmo tempo. Primeiro, tem de haver no ar muita água em forma de vapor, para que possa se condensar – quanto mais vapor, mais precipitação. O outro fator é a instabilidade da atmosfera. Lembre-se de que a atmosfera está sempre tentando se nivelar: temperaturas altas e temperaturas baixas, pressão atmosférica alta e pressão atmosférica baixa. Por exemplo, quando uma área quente com baixa pressão atmosférica encontra uma área fria com alta pressão atmosférica, muito ajuste tem de acontecer rapidamente em um lugar só – e isso pode criar condições climáticas extremas. Cada forma de condição climática extrema tem suas causas e efeitos.

Um **tornado** é um cilindro de ar em rotação, com ventos fortíssimos que giram em torno de uma pequena área de pressão muito baixa. No caso de tempestades excepcionalmente fortes, os tornados se formam em uma nuvem. Um bolsão de ar quente sobe, formando um redemoinho e

TEMPESTADE: 2 A 8 QUILÔMETROS

TORNADO: 1 QUILÔMETRO

sugando mais ar sob ele. O ar em movimento giratório cria um funil que desce até o chão. O funil de um tornado pode ter desde alguns metros até cerca de 3 quilômetros.

Ele pode se deslocar pelo solo por menos de 1,5 quilômetro ou por dezenas de quilômetros. Os ventos de altíssima velocidade – quase 500 quilômetros por hora! – e as fortes quedas de pressão causadas por sua passagem é o que os torna tão destrutivos. Os tornados não costumam durar muito, às vezes só alguns minutos, embora haja registro de alguns que duraram horas.

Um **furacão** é uma área circular de baixa pressão, muito maior do que um tornado, que ocorre quando formações de tempestades se juntam em torno de uma mesma área de pressão muito baixa. O furacão em geral se forma sobre os oceanos, em regiões de latitudes baixas, no final do verão, quando a água atinge sua temperatura mais alta. (O calor da água contribui para aumentar a força dos furacões.) O vento e a chuva trazidos por eles podem se estender por centenas de quilômetros. Em geral, porém, o maior poder de destruição concentra-se em algumas centenas de metros em torno do olho do furacão. Os ventos de um furacão, que podem chegar a 200 quilômetros por hora, trazem com eles chuvas inacreditáveis, capazes de provocar muitos danos. A grande muralha de água que um furacão empurra à sua frente é chamada de **maré ciclônica**.

Uma **tempestade** se caracteriza pela presença de chuvas e ventos fortes, raios e trovões. Em alguns casos, também **granizo**. Granizo é água que se congela na camada alta e fria da atmosfera e cai no solo em forma de gelo. Esse fenômeno pode parecer bem estranho, porque costuma ocorrer quando faz calor no nível do solo. O tamanho do gelo varia: pode ser menor do que uma ervilha ou maior do que uma bola de beisebol, e pode causar estragos onde quer que caia.

FURACÃO: 15 A 150 QUILÔMETROS

Aquecimento global e chuva ácida

Aquecimento global

Você provavelmente já ouviu a expressão **aquecimento global**, que significa exatamente o que o nome sugere: o planeta Terra inteiro – incluindo a nossa atmosfera – está ficando mais quente.

A causa desse aquecimento parece ser a quantidade crescente de certos gases – especialmente dióxido de carbono – que vem sendo liberada na atmosfera. Os principais responsáveis por esse aumento constante são fábricas, centrais elétricas e veículos movidos a gasolina; todos lançam gases na atmosfera quando queimam combustíveis fósseis.

O dióxido de carbono e outros gases que contribuem para o aquecimento global são chamados **gases de efeito estufa**. Isso porque fazem com que a atmosfera funcione como uma estufa, que é um recinto envidraçado para que o sol possa iluminar e aquecer a parte interna. O vidro deixa os raios de sol entrar e também impede que o calor todo escape. Assim, o ar no interior de uma estufa fica mais quente do que o do lado de fora. Se você entrou em um carro quente em um dia de sol, já tem uma ideia do que é o efeito estufa. Quando um carro fechado fica exposto ao sol num dia quente, o ar dentro dele esquenta, mas não consegue sair – então o calor é muito maior dentro do que fora.

Os gases de efeito estufa agem como o vidro desse carro, permitindo que os raios de sol entrem, mas impedindo que parte desse calor se dissipe no espaço. Como resultado, a Terra se aquece. Chamamos a isso de **efeito estufa**. A poluição sólida (poeira, fuligem e cinzas) também contribui para o efeito estufa. O efeito estufa não é necessariamente ruim – se a atmosfera não ajudasse a manter um pouco do calor que recebemos do sol, nós congelaríamos! Mas à medida que nós, seres humanos, liberamos mais gases de efeito estufa, o verão vai ficando mais quente. E, com o

Quer dizer então que ESTE é o efeito estufa...

aquecimento dos oceanos, as calotas polares começam a derreter. Isso faz com o que o nível do mar suba e – a menos que a gente reduza ou acabe com esse processo – a certa altura o mar vai começar a inundar as cidades costeiras.

O aquecimento global também causa mudanças no clima. Já estamos começando a presenciar **secas** (longos períodos de estiagem) em alguns lugares e chuva acima do normal em outros.

Chuva ácida

Sabemos que a queima de combustíveis fósseis libera gases na atmosfera e que isso contribui para o aquecimento global. Mas esses gases também afetam a chuva. Quando os gases se dissolvem nas nuvens, podem alterar a composição química da água presente nelas, deixando-a mais ácida.

Quando essa nuvem contaminada cai em forma de chuva, pode causar problemas. A chuva ácida normalmente não é prejudicial a ponto de causar danos às pessoas, mas com o tempo pode corroer coisas que a ela ficam expostas – como estátuas, por exemplo. Além disso, ao cair em um lago ou riacho, a chuva ácida pode alterar a água, tornando difícil – ou mesmo impossível – a sobrevivência de certas plantas e animais. Queimar menos combustíveis fósseis ajuda a combater o problema das chuvas ácidas e do aquecimento global.

Subir, subir, subir...

Vamos subir em uma viagem através da atmosfera e ver como as condições climáticas mudam. Essa vai ter de ser uma viagem de faz de conta, porque, se tentássemos fazer isso sem um monte de equipamentos de proteção, estaríamos em sérios apuros após subirmos apenas uns poucos quilômetros. É terrivelmente frio lá em cima!

Comecemos em um dia agradável de verão, com temperatura por volta dos 20 graus Celsius. A primeira mudança que percebemos ao subir é que a temperatura

Certo, é um pouco úmido...

Eu sempre quis VOAR!

cai – podemos sentir o frio aumentando. Isso acontece porque a fonte imediata de calor da Terra é a sua superfície, que absorve os raios solares e se aquece. Então, quanto mais perto da superfície, mais quente. Não demora muito, talvez a uma altitude de 2.400 a 3 mil metros, começamos a passar por nuvens. Podemos observar que são de tipo arredondado, chamadas cúmulos. Não apenas podemos vê-las de perto, mas também ficamos molhados! Como já sabemos, estamos esbarrando em milhões de minúsculas gotinhas de água.

Depois de passarmos pelos cúmulos, continuamos subindo e começamos a ficar sem ar. Nosso coração está batendo acelerado também. Isso porque há menos oxigênio no ar do que quando começamos nossa jornada. Assim como precisamos de comida para obter energia, precisamos de oxigênio para viver. Se não se tratasse de uma viagem imaginária, precisaríamos de um suprimento extra de oxigênio quando chegássemos a uma altura de mais ou menos 3.500 a 4.500 metros.

Agora estamos a uma altura de cerca de 9 mil metros – ou quase 10 quilômetros do chão – e a cada instante o frio aumenta. De repente, nos deparamos com a base de uma outra camada de nuvens. Dado o frio extremo nesse nível, o vapor d'água está congelado, e o tipo de nuvens que encontramos agora é chamado de cirro. Em vez de passarmos por gotículas de água, agora nos chocamos com minúsculos pedaços de gelo.

Passamos, então, pelos cirros e continuamos a subir. O ar nesse nível tem pouquíssimo oxigênio e é friíssimo – a temperatura pode chegar a menos 70 graus Celsius! A pressão atmosférica também é bem menor do que na Terra, e isso danificaria os órgãos do nosso corpo. Outra mudança drástica, desde o começo da nossa viagem (ainda que não tenhamos notado), é a intensidade dos raios solares. Os raios são muito fortes nessa altitude, e, num espaço de tempo incrivelmente curto, cerca de 1 minuto, sofreríamos uma queimadura! Nossa jornada termina a uma altura de mais ou menos 15 mil metros, onde resta muito pouco da atmosfera – quase nada de oxigênio, dióxido de carbono e vapor d'água. Ainda bem que essa viagem foi só de faz de conta!

Soando no vento

O homem vem usando a força do vento há séculos. Barcos a vela viajaram o mundo sem nada além da brisa do oceano para os impulsionar. Por centenas de anos, moinhos de vento vêm sendo usados para moer grãos, como os de milho, por exemplo. Em um passado mais recente, o vento começou a ser usado para gerar eletricidade, por meio de **turbinas eólicas**.

A turbina eólica parece com um moinho de vento gigante. Assim como as centrais elétricas, de que já falamos, produzem energia usando o fluxo da água, as turbinas eólicas usam o vento.

FORÇA DO VENTO, 1492

FORÇA DO VENTO, 1800

FORÇA DO VENTO, 1900

As turbinas eólicas são impressionantes de ver. Elas podem chegar a quase 110 metros de altura, e têm duas ou três pás com até 50 metros de comprimento cada. Quando o vento bate, as pás giram e o mecanismo dentro do gerador, que fica embaixo, produz energia. As turbinas eólicas giram, para ficar de frente para o vento, e as pás podem ser ajustadas para girar na maior velocidade possível.

Por produzirem muito menos energia do que uma central elétrica tradicional, que queima combustíveis fósseis, as turbinas eólicas ficam aglomeradas em **parques eólicos** (ou usinas eólicas), um conjunto de muitas turbinas, às vezes aos milhares. Trabalhando juntas, elas podem produzir muito mais energia do que uma só turbina.

O mais interessante das usinas eólicas é que dependem unicamente de uma fonte de energia renovável: o vento, que nunca vai se esgotar. E elas não causam nenhuma poluição.

Mas têm algumas desvantagens: certas pessoas reclamam do barulho que as turbinas fazem e também dizem que elas não são lá muito bonitas. O maior problema é que só funcionam bem em lugares com muito vento, e é preciso grande quantidade delas para produzir energia bastante para ser aproveitada.

FORÇA DO VENTO, ATUALMENTE

Juntas, as usinas eólicas dos Estados Unidos produzem energia suficiente para abastecer mais de 1,5 milhão de residências!

DESCUBRA VOCÊ MESMO
Construa sua própria turbina eólica

Quer ver como uma turbina eólica produz energia? É bem mais fácil do que você pensa.

Você vai precisar de:
- uma hélice com pás fixas. Você pode usar um cata-vento ou as hélices de um helicóptero de brinquedo. Talvez consiga também comprar hélices avulsas em lojas especializadas
- uma haste arredondada de cerca de 60 centímetros de comprimento, fina o bastante para caber dentro de um canudo
- um prego
- um canudinho
- um pedaço de barbante com 1 metro de comprimento
- um brinquedo pequeno e leve – como um bonequinho de "comandos em ação", por exemplo

1. Peça a seus pais que preguem a hélice na ponta da haste. Certifique-se de que está bem firme, de maneira que a hélice não gire sem girar também a haste.

2. Passe a haste por dentro do canudo.

3. Amarre o barbante à pontinha da haste, que deve ficar para fora do canudo.

4. Amarre a outra ponta do barbante no seu brinquedo.

5. Agora você está pronto para fazer a haste girar, pela ação do vento, dentro do canudo. Isso fará com que o barbante se enrole lentamente na haste,

HÉLICE
PREGO
CANUDO
HASTE
BRINQUEDO

e o seu brinquedo vai subir devagarzinho. (Talvez precise testar brinquedos diferentes antes de achar um que seja leve o bastante para ser levantado pela turbina.) Claro que não é preciso muita energia para erguer um brinquedinho, mas, como ele não consegue se levantar sozinho, o vento faz esse esforço. Você fez uma turbina eólica que segue os mesmos princípios básicos das turbinas gigantes, usando uma fonte renovável – o vento – e produzindo zero de poluição.

VIVA!

E ELE SOBE!

A camada de ozônio

Outro problema que nós, seres humanos, ajudamos a causar foi a diminuição da camada de ozônio, a camada de oxigênio que fica a cerca de 24 quilômetros acima da superfície da Terra. A camada de ozônio ajuda a nos proteger dos raios solares – é como uma camada de protetor solar natural bem acima do solo!

Há mais ou menos trinta anos, começou a aparecer um buraco nessa camada em cima da Antártida todo mês de outubro. Como quase ninguém mora lá, o fenômeno praticamente não afetou os seres humanos. Se o buraco aumentar, porém, pode se espalhar para regiões mais habitadas, expondo as pessoas aos potentes raios solares, que poderiam causar queimaduras graves, além de problemas ainda mais sérios, como o câncer de pele.

A boa notícia é que os países do mundo estão trabalhando para resolver o problema. Acredita-se que o buraco seja causado por produtos químicos usados em isopor, *sprays* de aerossol, refrigeradores e extintores de incêndio. Quando as substâncias químicas eram liberadas na atmosfera, destruíam parte do ozônio dessa camada. Atualmente, a maior parte dos fabricantes está fazendo os produtos por um processo diferente, para que substâncias químicas menos nocivas sejam liberadas na atmosfera.

Energia do sol e outras ideias brilhantes

Já aprendemos a importância de produzir energia. Aprendemos também que essa produção pode, às vezes, ter efeitos nocivos para o planeta. De olho no futuro, cientistas e outras pessoas estão buscando novas fontes de energia que não prejudiquem o planeta. Usinas hidrelétricas e eólicas são duas dessas fontes, mas existem outras.

O sol produz muita energia – sem seu calor, nenhum de nós conseguiria sobreviver. **Painéis solares** captam a luz do sol e a transformam em energia. Eles são colocados em lugares muito ensolarados – como no telhado de uma casa – e são ótimas fontes de energia, que servem, por exemplo, para aquecer a água de uma casa. Também são usados em satélites no espaço. Mas a energia solar tem seus limites. Os painéis solares produzem apenas quantidades pequenas de eletricidade, não muito fácil de armazenar para uso posterior.

Usinas nucleares usam métodos científicos especiais para gerar energia por meio de complicadas reações químicas. O processo utilizado libera muita energia com base em uma quantidade pequena de combustível. Em uma usina nuclear, cerca de 1 quilo de combustível gera a mesma quantidade de energia que 2 mil toneladas de carvão! A usina nuclear não causa a poluição que causam os combustíveis fósseis, mas pode ser muito perigosa se não houver bastante cuidado. Descartar com segurança o lixo tóxico que é gerado também é muito difícil, mas várias pessoas acreditam que nosso futuro depende de encontrarmos formas seguras de usar a energia nuclear.

As rochas sob a superfície da Terra são normalmente quentes, e as **usinas geotérmicas** usam esse calor para gerar energia. A energia produzida por esse método pode ser usada para aquecer edifícios e criar vapor, que movimenta os geradores. Esse método só pode ser adotado em lugares onde as rochas quentes estão bem próximas da superfície da Terra – não muito mais que 3 quilômetros de profundidade. A Islândia, por exemplo, é um país que obtém parte de sua energia de usinas geotérmicas.

Temos o mundo inteiro...

Chegamos ao fim da nossa viagem pelo planeta. Vimos o Polo Norte congelado, as úmidas florestas tropicais, o fundo do mar assustador e alturas estonteantes, muito acima da superfície da Terra, onde o oxigênio desaparece – e muitas coisas mais.

Aprendemos como as plantas e os animais interagem e como a atmosfera afeta todos nós. Falamos sobre as diferentes formas de energia e de como a sobrevivência do homem passou a depender delas. E, o mais importante de tudo, vimos como o planeta está mudando e o que isso pode significar no futuro. Quanto mais soubermos sobre o nosso belo e enorme planeta Terra, mais preparados estaremos para conservá-lo para nós mesmos e para as gerações que estão por vir. Plantando uma árvore, consertando uma torneira que está pingando, organizando um rodízio ou apenas desligando a televisão quando não a estamos assistindo... Há muitas coisas que cada um de nós pode fazer para ajudar a proteger e cuidar da nossa casa.

Então, vamos pôr em prática o que aprendemos! Passe adiante os conhecimentos sobre as maravilhas do mundo e o que podemos fazer para protegê-lo. Lembre-se de que muitas pequenas ações podem levar a grandes mudanças! Se todos trabalharmos juntos, poderemos garantir que a Terra continue a ser esse lugar tão especial.

Como VOCÊ pode ajudar!

15 ações que todos podem praticar para economizar energia e ajudar a salvar o planeta!

1. Apague as luzes ao sair de uma sala.

Desligue-me!

2. Se seus pais têm uma máquina de lavar louça, certifique-se de que está ajustada à opção de economia de energia. Ou, melhor ainda, lave a louça à mão se forem poucas peças e deixe-as secar naturalmente.

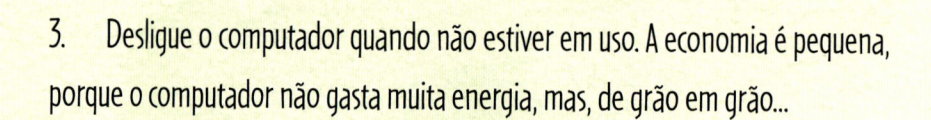

3. Desligue o computador quando não estiver em uso. A economia é pequena, porque o computador não gasta muita energia, mas, de grão em grão...

4. Nunca deixe a televisão ligada quando ninguém está assistindo. O mesmo vale para o rádio.

5. Deixe o secador de lado! Experimente deixar seus cabelos secarem naturalmente.

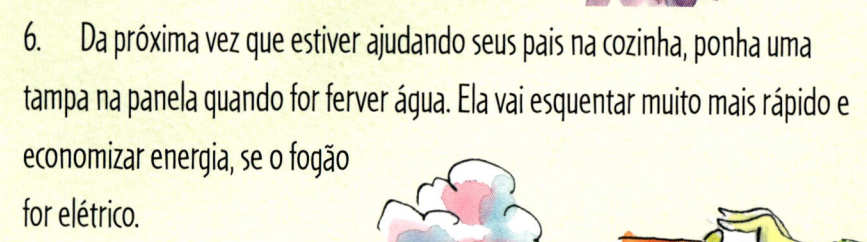

6. Da próxima vez que estiver ajudando seus pais na cozinha, ponha uma tampa na panela quando for ferver água. Ela vai esquentar muito mais rápido e economizar energia, se o fogão for elétrico.

7. Encha a geladeira! Quando os alimentos lá dentro ficarem frios, eles ajudarão a *manter* o refrigerador frio, o que diminui a quantidade de energia necessária para conservar a temperatura. (Mas não *abarrote* a geladeira de coisas, pois isso impede a circulação adequada de ar.)

8. Tente criar na sua família o hábito de só usar máquina de lavar e de secar roupas aproveitando sua capacidade máxima – não apenas umas poucas camisetas e uma calça. Isso vai economizar água e energia.

9. Não ligue ar-condicionado nem aquecedor em aposentos que não estão sendo usados. Feche as portas e peça a seus pais que desliguem o ar-condicionado ou aquecedor nesses lugares. Se não estiver *muito* quente, opte pelo ventilador. Se não estiver muito frio, vista um casaco e não ligue o aquecedor.

10. Economia na estrada. Peça a seus pais que, nas estradas, procurem manter uma velocidade constante. Acelerar e frear com frequência consome mais combustível. Dirigir mais devagar dentro do perímetro urbano também economiza combustível.

11. Recomende a seus pais que calibrem devidamente os pneus do carro. Carros circulando com a pressão correta nos pneus consomem menos combustível.

12. Não sobrecarregue o carro ou o porta-malas desnecessariamente. Assim também se gasta mais combustível.

13. Eis uma maneira surpreendente de economizar combustível quando o tempo está quente: dirigir com as janelas fechadas e o ar-condicionado ligado! Estudos mostraram que a força do vento entrando pelas janelas abertas diminui a velocidade do carro, o que consome mais combustível do que se o ar-condicionado estivesse ligado.

14. Na escola e em outros edifícios, use a escada, não o elevador. Além de economizar energia, você mantém seu corpo em forma!

15. Use lâmpadas fluorescentes que economizam energia. Elas custam um pouco mais que as outras, mas consomem cerca de 75% menos energia e duram aproximadamente dez vezes mais – o que significa que, no longo prazo, você economiza dinheiro e energia!

Glossário

Eis aqui um glossário prático com as palavras novas que você aprendeu neste livro.

Açude – Reservatório constituído pelo homem para armazenar água.

Água doce – Água quase sem a presença de sal, como a encontrada na maior parte dos lagos, rios, riachos e lagoas.

Água superficial – Água que se encontra na superfície da Terra, como a dos rios e lagos.

Ambientalista – Aquele que trabalha para proteger plantas, animais e outros recursos naturais da Terra.

Anfíbios – Animais que, geralmente, iniciam a vida na água, respirando através de brânquias e que depois passam a viver na terra e a respirar através dos pulmões e da pele (respiração cutânea).

Aquecimento global – Aquecimento da Terra causado, em parte, por ações humanas.

Aquífero – Lugar que emana água subterrânea para poços e mananciais.

Árido – Lugar com pouca chuva e alta evaporação.

Aterro sanitário – Lugar onde o lixo é jogado e coberto com camadas de terra.

Atmosfera – Mistura de gases, em sua maioria oxigênio e nitrogênio, que compõe o ar.

Aves – Animais de sangue quente, que põem ovos, têm bico e corpo coberto de penas.

Carnívoros – Ser vivo que se alimenta de carne.

Clima – Média das condições do tempo em determinada região.

Composto orgânico – Material orgânico decomposto que pode ser adicionado ao solo, tornando-o mais fértil.

Comunidades rurais – Lugares onde há muita terra e poucas pessoas.

Condensação – Quando a água passa do estado de vapor ao estado líquido.

Condomínios residenciais – Comunidades menores construídas próximas ou dentro das cidades.

Conservacionistas – Pessoas que trabalham para proteger as plantas, os animais e os recursos naturais da Terra.

Correntes – Movimento de grandes fluxos de água na superfície dos oceanos da Terra, de um lugar para outro, às vezes levando água mais quente para uma região fria e vice-versa.

Desertificação – Disseminação de condições desérticas para áreas que não apresentavam essas características antes.

Ecossistema – Conjunto de seres vivos e do ambiente em que vivem.

Efeito estufa – Acontece quando o calor do sol fica preso na atmosfera.

Eletricidade – Forma de energia produzida por micropartículas de cargas elétricas.

Eletricidade estática – Carga elétrica que está num objeto em vez de fluir através dele.

Era glacial – Longo período em que o gelo cobria grande porção do solo.

Erosão – Desgaste gradual do solo que torna uma área infértil.

Espécies – Grupo de plantas ou animais que apresentam certas características em comum.

Etanol – Combustível feito de cana-de-açúcar, milho ou outras fontes orgânicas, que é usado para abastecer alguns carros.

Evaporação – Passagem do estado líquido para o gasoso.

Extinto – Refere-se a espécies de plantas ou animais que desapareceram da Terra.

Fértil – Terra em boas condições para o cultivo.

Floresta de conífera – Floresta composta de árvores cujas folhas têm o formato de agulhas e duram o ano inteiro.

Floresta decídua – Floresta cujas árvores perdem as folhas no outono todos os anos.

Floresta tropical – Floresta densa, próxima ao equador, que recebe grande quantidade de chuva. Onde plantas crescem durante o ano todo e onde está mais da metade das espécies animais e vegetais do mundo.

Fotossíntese – Processo através do qual uma planta produz glicose usando água, dióxido de carbono e a luz do sol. Ela usa essa glicose como alimento e libera oxigênio na atmosfera.

Furacão – Área circular de baixa pressão que ocorre quando formações de tempestades se juntam ao redor de uma área de pressão muito baixa.

Gases de efeito estufa – Gases na atmosfera que contribuem para o efeito estufa.

Gerador – Máquina que usa partes móveis para produzir eletricidade.

Granizo – Gelo que cai das nuvens, geralmente durante uma tempestade, mesmo quando a temperatura no nível do solo está alta.

Habitat – Região onde uma planta ou animal normalmente vive.

Herbívoros – Animais que se alimentam de plantas.

Hibernação – Quando animais dormem durante os meses de inverno. Isso os ajuda a se proteger do frio e conservar energia em épocas em que é difícil encontrar alimento.

Híbridos – Duas coisas combinadas. Carros híbridos são movidos a uma combinação de gasolina e eletricidade.

Irrigação – Conduzir água a uma região árida para tornar possível o cultivo e a sobrevivência.

Latitude – Unidade usada para medir a distância a partir do equador. Latitudes baixas ficam próximas à linha do equador; latitudes altas ficam distantes.

Lençol freático – Água encontrada abaixo da superfície da Terra.

Mamíferos – Animais de sangue quente que alimentam os filhotes com o leite que produzem.

Mantos de gelo – Grandes mantos de gelo que se espalharam dos polos para o equador durante a era glacial.

Maré ciclônica – Muralha de água do mar, muitas vezes destrutiva, empurrada por um ciclone.

Molusco – Animal mole sem espinha, como um marisco ou uma lesma, e que geralmente vive dentro de uma concha dura.

Monocultura – Cultivo de um só produto agrícola.

Nível do mar – Ponto onde o oceano encontra a costa; e base para medir a altitude de uma montanha ou a profundidade de um oceano.

Onívoros – Animais que se alimentam tanto de plantas como de outros animais.

Painel solar – Dispositivo que transforma energia solar em energia elétrica.

Parque eólico – Agrupamento de turbinas eólicas que trabalha para gerar energia produzida pela força do vento.

Peixes – Animais de sangue frio que vivem na água e usam brânquias para obter o oxigênio de que precisam.

Plânctons – Plantas e animais minúsculos (às vezes impossíveis de enxergar a olho nu) que boiam na água.

Poluição – Resíduos que sujam a terra, o ar ou a água.

Precipitação – Água que cai na forma de neve, de chuva ou de granizo.

Predador – Animal que caça outro para se alimentar.

Pressão atmosférica – Pressão exercida pela atmosfera num determinado ponto.

Renovável – Recurso que não se esgota ou pode ser naturalmente substituído, como a luz do sol ou a água.

Répteis – Animais de sangue frio cobertos por escamas ou carapaças, que respiram por pulmões.

Salinidade – Quantidade de substâncias salinas encontradas na água.

Seca – Longo período sem chuvas.

Sempre-verdes – Árvores que não perdem as folhas durante certa época do ano, como as encontradas nas florestas de coníferas.

Tempestade – Temporal com raios, chuvas e ventos fortes.

Tornado – Cilindro de ar rotatório com ventos muito fortes que circulam em torno de uma área pequena de baixa pressão.

Tóxico – Algo que é prejudicial às pessoas, plantas, animais, ou à Terra.

Transporte de massa – Meios de transporte projetados para levar muitas pessoas de uma só vez, de forma veloz e barata.

Turbina eólica – Grande máquina, parecida com um moinho, usada para gerar eletricidade.

Usina geotérmica – Usina que utiliza o calor das rochas sob a superfície da Terra para gerar energia.

Usina nuclear – Usina de força que usa métodos científicos especiais para gerar eletricidade através da fissão de núcleos de átomos.

OS AUTORES

MICHAEL DRISCOLL é o autor de *Céu noturno – uma introdução para crianças*. Foi colaborador da *Reuters*, do *The Village Voice* e da *L.A. Weekly*, entre outras publicações, e recebeu prêmios por seus livros e suas matérias. Trabalhou como editor nas editoras Penguin USA e Black Dog & Leventhal, e atualmente trabalha como editor no jornal *New York Daily News*. Mora em Nova York.

Seu pai, DENNIS DRISCOLL, é professor emérito de meteorologia da Texas A&M University, especializado em biometeorologia, que é o estudo da interação da atmosfera com os seres vivos. Escreveu muitos artigos científicos sobre como as condições atmosféricas afetam a saúde e o bem-estar. Ele mora em College Station, Texas.

A ILUSTRADORA

MEREDITH HAMILTON realizou projetos de desenho e pintura para muitas empresas, entre elas, Visa International, W. W. Norton e Doubleday. Além disso, ilustrou *Balé*, *Céu noturno*, *Mitologia*, *Mundo* e *Orquestra* – todos da coleção "Uma introdução para crianças", publicados pela Panda Books. Atualmente, ela vive com seus dois filhos e o marido no Brooklyn, em Nova York.